シリーズ
特別支援教育
「鉄壁の法則」

特別支援教育 ICT 活用事典

ストップ！NG指導 3

堀田和秀
Horita Kazuhide

津田泰至
Tsuda Hiroshi

編著

学芸みらい社

まえがき

　GIGAスクール構想の前倒しにより、1人1台端末が配付されて2年が経過した。

　とにかく何でもいいから、手当たり次第端末を活用した1年目。

　効果のあるものと効果のないものを精査し、より効果的な活用を目指した2年目。

　そして、3年目。

　これからは、「個別最適な学び」と「協働的な学び」を同時に実現するために端末を活用する、そんな使い方が次々と生み出されるだろう。

　1人1台端末を活用する上で、欠くことのできない視点の1つが特別支援教育である。

　例えば、ディスレクシア(読字障害)の子がいる。

　彼らにとって、教科書の文字を読むのは、至難の業である。なぜなら、文字が揺れて見えたり、ぐるぐると回って見えたりするからである。

　「頑張れば、読めるはずだ！」と無理矢理読ませても、読むことはできない。どれだけ指導してもできないものだから、教師もイライラしてくる。最終的に、「何でできないの！」と怒鳴る。

　最悪の指導法である。

　しかし、タブレット端末を活用すれば、彼らの困り感はあっという間に解決する。

　子ども用のデジタル教科書を表示して、ピンチアウトするだけで、文字が拡大され、読みやすくなる。デジタル教科書の中には、ハイライトを入れる機能があるものもある。

　これなら、ディスレクシアを抱えている子でも、教科書を読むことができるようになる。

　1人1台端末を活用することで、特別支援教育の可能性は大きく広がる。

　一方で、次のような意見がある。

> 　タブレットを使いすぎると、タブレットに集中しすぎて、なかなかもとに戻ってこない子がいるから、あまり使わない方がよい。

　この意見に、エビデンス(科学的根拠)があるか。否である。

　子どもがタブレットに集中しすぎるのは、タブレットが悪いわけでもなければ、子どもが悪いわけでもない。教師の指導力に問題があるのだ。

　教師の世界には、このように「教師の経験則による指導」が横行している。

　「特別支援教育は、科学である」と言われる。エビデンスのある指導法で指導しなければ、子どもを深く傷つけてしまう恐れもある。

　特別支援教育に携わる全ての教師は、エビデンスのある指導法を学び続けなければいけない。

本書は、好評をいただいている「ストップ！NG指導」シリーズの第３弾として企画された。

今回は、１人１台端末にスポットを当てた。

学校には、様々な場面がある。

また、様々な特性をもった子がいる。

それぞれの場面で、それぞれの特性をもった子へのNG指導をピックアップし、それぞれエビデンスをもとに、どのようなアプリを活用すればよいかを具体的に示した。

どんなに効果があると言われても、「ICT活用が苦手」という方も少なくないだろう。

そのために、操作が分かりづらい場面は動画での解説を入れた。

作成が難しいコンテンツについては、コピーリンクを作成し、ダウンロードして使っていただけるようにした。

　誰でも読めばすぐに使える内容になったと思う。

１人１台端末の配付により、発達障害の子への対応は可能性を広げた。

教師が彼らの特性について学び、エビデンスに基づいて、タブレット端末をうまく活用することで、教室で困っていた子も救われる。

本書が、その一助となれば幸いである。

堀田和秀

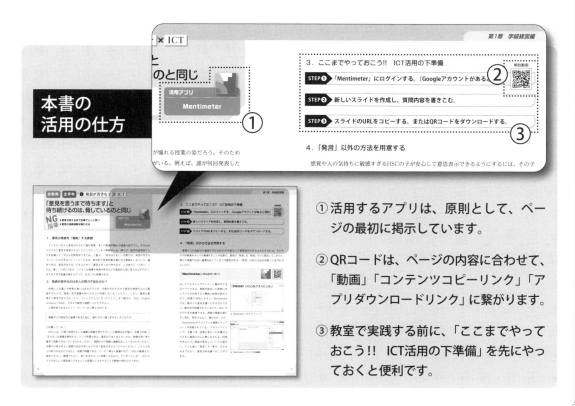

① 活用するアプリは、原則として、ページの最初に掲示しています。

② QRコードは、ページの内容に合わせて、「動画」「コンテンツコピーリンク」「アプリダウンロードリンク」に繋がります。

③ 教室で実践する前に、「ここまでやっておこう!! ICT活用の下準備」を先にやっておくと便利です。

目 次

第1章 学級経営 編

第2章 教科別 編

第3章 オンライン授業 編

第**1**章

学級経営 編

「意見を言うまで待ちます」と
待ち続けるのは、脅しているのと同じ

NG指導
▶ 意見が言えるまで全員でじっと待つ
▶ 意見の発表回数を競わせる

活用アプリ

Mentimeter

1．意見の発表を「強制」する教師

　子どもから次々と意見が出されて進む授業。多くの教師が憧れる授業の姿だろう。そのためか子どもに意見を発表させることにこだわってしまう教師がいる。例えば、誰が何回発表したかを記録して「今日は全員発表できたね」と喜ぶ。一見ほほえましい光景だが、発表が苦手な子にとっては大きなプレッシャーとなる。班対抗で発表回数を競わせる教師もいる。論外である。意見が言えない子を立たせて「意見を言うまで待ちます」と全員でじっと待つ。これは「脅し」と同じである。このような指導で発表が苦手な子が意欲的な姿に変わるはずがなく、ますます苦手意識が高まるだけだ。まさにNG指導である。

2．発表が苦手なのは本人の努力不足なのか？

　性格による違いや程度の違いはあるだろうが、全員が注目する中で意見を発表するのは緊張するものだ。発表に苦手意識を持つ子はどの学級にもいることだろう。しかし、極度な緊張から意見が言えなかったり、パニックのようになったりしてしまう場合は、「HSC（Highly Sensitive Child）」である可能性も視野に入れた方がよい。

　心理学者であるエレイン・N・アーロン博士はHSCを、

> 感覚や人の気持ちに敏感であるために、疲れやすく傷つきやすい子どもたち

と定義している[1]。

　HSCには「①深く処理する」「②過剰に刺激を受けやすい」「③感情反応が強く、共感力が高い」「④ささいな刺激を察知する」という性質がある。意見がうまく言えないのは、物事を深く考え過ぎて決断できないでいるのかもしれない。周囲からの視線に過剰反応しているのかもしれない。共感力の高さゆえに周囲の反応が気になりすぎて意見が言えないのかもしれない。これらは本人の努力不足などではなく、気質の問題である。アーロン博士も著書の中で、「HSCの敏感さは、病気でもない、障害でもない、単に生まれもった気質によるもの」だと言っている[2]。HSCの子でも安心して意思表示できるような授業の工夫をすることが教師の務めなのである。

3．ここまでやっておこう!!　ICT活用の下準備

解説動画

STEP❶　「Mentimeter」にログインする。（Googleアカウントがあると便利）

STEP❷　新しいスライドを作成し、質問内容を書きこむ。

STEP❸　スライドのURLをコピーする。またはQRコードをダウンロードする。

4．「発言」以外の方法を用意する

　感覚や人の気持ちに敏感すぎるHSCの子が安心して意思表示できるようにするには、その子の不安要素を少しでも軽減することが必要だ。意見の「発表」を「発言」だけに限定してしまうと、周りの視線や反応に過剰反応してしまう可能性がある。「発言」以外の方法を用意してあげればよいのだ。

「Mentimeter」（メンチメーター）

は、リアルタイムでアンケート集計ができるアプリである。教師が設定した質問に対し子どもが回答すると瞬時に結果が表れるので、授業で活用しやすい。Mentimeterでは、誰がどの意見を書いたかは分からない。匿名性が保障されているので、HSCの子の不安を軽減できる。周囲の視線も感じずに済む。発言ではなく「書かせる」のだ。

▲「Mentimeter」のテキストマイニング

　Mentimeterのスライドには複数のテンプレートが用意されている。「テキストマイニング」を選べば、回答の多かった言葉がより大きく画面の中心に映し出される。回答があるたびに画面が変化していくのも面白い。子ども達に「発言」や「挙手」をさせるまでもなく、意見分布を調べることができる。

▲「Mentimeter」スライドの作成画面

「書くのが遅い」「早く写しなさい」とまくし立てる

NG指導
- ▶早く書き写すよう急かす
- ▶必ず全ての板書を書き写させる

活用アプリ
GoodNotes
カメラ　など

1．まくし立てるだけの残酷な指導

　板書を写すのが苦手な子がいる。書き写すのに時間がかかったり、何度も間違って書き写したりしてしまうのだ。そうしている間にも授業は進む。教師は「書くのが遅い」「早く写しなさい」と急き立てる。早く書くようその子も努力しているが、なかなか終わらない。しびれを切らした教師が「いいかげんにしろ」「もう知りません」と叱責する。無慈悲にも消されてしまう板書。結局最後まで書き写せずに、心に傷だけが残る。こんな残酷な指導をしてはいないだろうか。

2．その対応が子どもの人生を変えるかもしれない

　板書を書き写すのが苦手な場合、その要因は様々考えられる。

　ひとつは「視覚機能の弱さ」だ。黒板の文字を見たときに、文字が歪んで見えたりぼやけて見えたりするのだ。文字そのものが正確に読み取れないのでは、書き写すことは極めて困難な作業となる。時間がかかってしまうのは当然だ。

　また、「ワーキングメモリの弱さ」も考えられる。ワーキングメモリは脳内に一時的に情報を保持しておく機能のことだ。ワーキングメモリが弱いと一度に保持できる情報の容量が少なくなる。そのため「黒板の文字を見る」⇒「一時的に記憶する」⇒「ノートに書き写す」という過程のどこかで保持しておいた情報が消えてしまい、書き写すのに時間がかかってしまうのだ。

　他にも、発達性協調運動障害や書字障害などの症状として、「書字そのものが苦手」な場合もあるだろう。

　このようにあらゆる観点で要因を考えることなく、「本人の努力が足りない」「怠けている」と子どものせいにし、必要な支援を提供することなく放置していると、

> 結果として二次的な問題である自己肯定感、自己効力感の低下を重篤化させ、より一層、心理的課題との鑑別を困難にし、一次的な問題と二次的要因がすりかえられる

ことが指摘されている[(1)]。教師の対応ひとつで、子どもの自己肯定感・自己効力感を大きく左右することになるのだ。

3. ここまでやっておこう!!　ICT活用の下準備

STEP❶　「GoodNotes」などのノートアプリをインストールする。

STEP❷　授業の板書を端末のカメラで撮影する。

4. その子にとって最適なノートの取り方を見つける

　まずは「板書する内容を精選する」「板書の量を減らす」「大きな文字で書く」などの工夫をすることだ。何でもかんでも板書すればよいのではない。本当に必要な内容を、必要最低限の量で端的に分かりやすく板書してあげるだけでも、子どもの負担感は大きく軽減されるだろう。

　そしてICT機器を活用すれば、以下のような方法も可能になる。

---

①板書を端末のカメラで撮影させる

　シンプルかつ確実。これなら一瞬で済む。写真に撮るだけでもよいし、撮った写真を拡大しながら、ノートに書き写すこともできる。写真を単元ごとにまとめて保存することもできる。

---

②タイピングでテキスト入力させる

　タイピングの方が速い子にとってはこれも有効だ。Googleキープ、Googleドキュメント、Wordなどに書きためていけばよい。消しゴムを使う煩わしさもなくなる。

---

③ノートアプリを使わせる

　ノートアプリは複数あるが、「GoodNotes」がおすすめだ。手書きもテキスト入力も両方可能で、写真をノートに貼り付けることもできる。板書の写真を貼り付け、その周りにメモや気づきを書き込むという使い方ができる。板書を写すだけで四苦八苦するよりも、極めて合理的で効率的だ。子どもの苦手をICT機器によってカバーする。何も特別なことではなく、視力の低い子が眼鏡をかけるのと同じようなことである。その子に合った活用方法を見つけていただきたい。

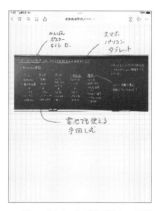

▲「GoodNotes」写真が貼れて便利

「自分で考えろ」と言って 友達の意見を参考にさせない

NG 指導
▶自分で考えた意見しか認めない
▶誰かの意見を参考にすることを認めない

活用アプリ
Googleスプレッドシート など

1．自分で考えないと「考える力」はつかない？

　教師の発問に対して、子ども達が自分の意見を述べる。よくある光景だ。しかし中には、意見を考えるのが苦手な子もいる。その子に対し「自分で考えろ」と突き放す教師がいる。その子は懸命に考えている。考えても思いつかないから困っているのだ。誰かの意見を参考にすると「他人の真似をするな」「自分で考える力がつかないぞ」とさらに追い詰める。子どものためを思っての指導だろうが、これで本当に考える力がつくというのだろうか。

2．「木を見て森を見ず」という思考の傾向

　意見を考えることが苦手な要因は様々あるだろう。そのうちの1つとして、

弱い中枢性統合（Weak Central Coherence）

が考えられる（Frith,2003）。中枢性統合とは、「入力される情報を文脈（もしくは状況、背景、一連の流れ）の中で処理する傾向」のことである（Happé, 1999）[1]。ASD（自閉症スペクトラム）の人はこの中枢性統合が弱いとされ、個別の情報を統合して全体としての意味づけをしていくことが苦手だと考えられている。細部の情報ばかりに気を取られ、全体像が見えにくい。まさに「木を見て森を見ず」の状態に陥りやすいのだ[2]。

　中枢性統合の弱さは、前頭葉の機能障害が原因で生じると考えられている。中枢性統合を測定するといわれる埋め込み図形課題（Embedded Figure課題）を実施したときに、ASD群は前頭葉の活動があまり見られず、目から入ってきた低次の視覚情報を処理する後頭葉の方が活動していた。さらに、これらの部位の結合性も低かったという報告がある（Damarla, Keller, Kana et al., 2010）[1]。

　ASDの子は事実を正確に伝えることは得意でも、想像したこと、気持ち、感想といった抽象的なことを伝えるのが苦手なのは、こうした脳の働きの特性によるものなのだ。「自分で考えろ」「他人の真似をするな」という根性論だけでは、考える力は伸ばせない。それどころか、その子の自己肯定感の低下を招く恐れさえあるのだ。

3．ここまでやっておこう!!　ICT活用の下準備

STEP❶ 「スプレッドシート」を開き、児童生徒の名前を記入し、意見を書く欄を作る。

STEP❷ 「共有」の設定を「リンクを知っている全員」「編集者」に変更する。

STEP❸ Google ClassroomなどでスプレッドシートのURLを配付する。

解説動画

4．「お手本の模倣」は学習の原理

　情報を統合して自分なりの意見にまとめることが苦手な子には、他人の意見を参考にすることを認めてあげるとよい。その子に必要なのは根性論ではなく、「モデル」だ。得た情報や経験から他の子はどんな考えを持っているのか、この文脈においてはどう考えるのが適しているのか、周りの子の意見を参考にさせればよいのだ。「お手本の模倣」は学習における大事な原理である。その積み重ねで、少しずつ「考え方」を身につけていけばよい。

　端末を活用すれば様々な方法で互いの意見を共有することができる。そのうちの1つが、

「Googleスプレッドシート」

である。スプレッドシートは、他のユーザーとリアルタイムで共同作業しながら、オンラインでファイルを作成したり編集したりできるアプリだ。例えば、教師が発問をしてスプレッドシートに意見を記入させれば、記入された意見は瞬時に全員の端末に反映される。意見を考

▲ 「Googleスプレッドシート」誰がどんな意見か、一目で分かる

えるのが苦手な子は、それらの意見を参考にしながら考えればよい。目立つこともなく安心だ。特別支援においては、その子の苦手さを目立たなくさせることも大切な配慮である。自尊感情を傷つけてはいけない。

チャイムが鳴ったら「やめなさい！」と叱って、強制終了させる

NG指導
▶本人のこだわりを受け入れずに叱る
▶没頭していることを無理矢理やめさせる

活用アプリ
絵カードタイマー
など

1．好きなことに没頭してやめられない子

　授業開始のチャイムが鳴る。ふと見ると、ずっと読書をしている子がいる。声をかけても読書をやめない。授業を始めたい教師は「いいかげんやめなさい！」と声を荒らげる。本を取り上げて「強制終了」させる。取り上げられた子どもは激高しパニック状態に陥る……。このような光景を見たことはないだろうか。読書、お絵描き、図工の作品づくり……、彼らが没頭することを教師の都合で無理矢理やめさせてもよいものだろうか。

2．「強制終了」はリスクが高い

　ASD（自閉症スペクトラム）の子が「こだわりが強い」ことはよく知られていることだ。こだわりの強さのため、学習に参加できない、パニックになる、人間関係の構築が難しいなど、負の部分にスポットが当てられることが多い。しかし近年では、「選好性」という観点が注目されている。医学博士の本田秀夫氏（信州大学医学部教授）はASDの発達の特性について、

> 機能の欠損として捉えるのでなく、「〜よりも〜を優先する」という選好性の偏りとして捉える

ことを提唱している[1]。ASDの子が何かに没頭してやめられない状態は、「行動の切り換えができない」ではなく、「自分のこだわりを優先している状態」と捉える。できるできないの問題ではなく、優先順位の問題なのだ。子どもの「優先順位」を無視し、教師による優先順位を押しつけることは極めて危険である。

> あるこだわり行動を減らそうと指導や訓練を施した結果、別のこだわり行動に「移行して」しまった

という事態を招く恐れがあるからだ[2]。無理にやめさせることで、余計にこだわり行動が増えたり強化されたりするのだ。「強制終了」は子どもにも教師にもリスクが高い手段なのだ。

3．ここまでやっておこう!!　ICT活用の下準備

STEP❶ 「絵カードタイマー」をインストールする。

STEP❷ こだわり行動に合わせた絵カードを作成する。

4．こだわり行動の「終わり」を自己決定させる

　子どもが持つ優先順位を無理に変更させると弊害が生じる。そこで、

> 本人が納得できる条件を提示し、選択させ、承認を得ること

が大切になってくる。例えば「あと何分したらやめられそう？　10分にする？　5分にする？」と選択肢を与え、本人に選ばせる。この「自分で選んだ」という事実が重要だ。自己決定したからこそ、その子の中の優先順位に区切りが付けられるのだ。

　実際に時間を計って示す時には、

「絵カードタイマー」

がおすすめだ。絵カードで「行動」を、タイマーで「残り時間」を示すことができるアプリだ。「何を」「あとどれだけ」できるのかを視覚的に分かりやすく示せるのがよい。写真やイラストのデータから絵カードを自作できるので、その子のこだわりに合わせた絵カードを作成しておけばよい。アラーム音を電子音、録音した音声、合成音声から選べるのも嬉しい機能だ。同様のアプリで、「絵カードカウンター」がある。これはタ

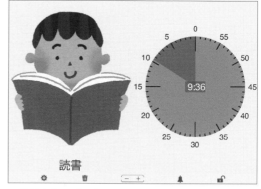

▲ 「何を」「あとどれだけ」できるのか分かりやすい

イマーの代わりにドットで「残り回数」を示すことができる。タイマーとカウンターを、子どものこだわり行動に合わせて使用すればよい。

　子どもが約束通りにこだわり行動をやめることができたら、山ほど褒める。そうすればいずれ「あと3分でやめます」「あと5回したらやめます」と自分から言えるようになってくる。叱責も強制終了も必要ない。成功体験を積ませることで、子どもを変容させるのだ。

グループ学習で一緒に作業できない子にイライラするのは教師の勉強不足

NG指導
▶曖昧な指示を出してあとは子ども任せにする
▶グループ学習に参加できていない子を叱る

活用アプリ
ロイロノート
など

1．グループの輪に入っていれば「グループ学習」？

　どの教科でもグループ単位で学習を進める場面がある。しかし、グループ学習になると途端に何もしなくなる子がいる。他の子の活動を眺めているだけで参加しようとしない。その姿を見て「怠けている」「意欲がない」とイライラする教師。ついには「ちゃんと参加しろ！」「みんなと同じようにしなさい！」と怒声が飛ぶ。子どもが渋々グループの輪の中に入るのを見て満足する教師。こんな指導でグループ学習が活発になるというのだろうか。

2．グループ学習という名の「放任」になっていないか

　グループを組んで活動させれば、グループ学習なのだろうか。全体に指示を出して、あとは子どもに任せるという「放任」に近い指導になってはいないだろうか。

　グループ学習は「協同学習（Cooperative Learning）」とも呼ばれる。では、グループで行う学習はすべて協同学習といえるのか。否である。David. W. Johnson 他は、協同学習の基本要素として次の5点を挙げている[1]。

---

①学習のめあてや教材、役割分担などに互恵的相互依存関係があること

②子ども同士の対面的なやりとりの機会が十分にあること

③個人の責任がはっきりしていること

④ソーシャルスキルや小グループ運営スキルが教えられ、活用できること

⑤うまくいった点や改善点など、チームのふり返りがなされること

　上記の要素を満たす協同学習に取り組むことで、発達障害を抱える子の「学習到達度の上昇」「グループ内の人間関係の改善や自尊心の向上」「利他的な行動や援助行動の増加」などの成果があったとする研究結果もある。ただ単にグループで学習させるだけでは不十分なのだ。

　衝動性が強い子、コミュニケーション能力に課題がある子、場の空気が読めない子、こだわりが強い子……、発達障害をもつ子にとって複数人と協力しながら進める協同学習はハードルの高い活動だ。「放任」は論外である。十分な支援が必要だ。

3．ここまでやっておこう‼　ICT活用の下準備

解説動画

STEP❶ 「ロイロノート」で「ノートを新規作成」する。

STEP❷ 「共有ノート」を選択し、グループの子どもを招待する。

4．役割を明確にして「共同編集」する

　グループ学習について、発達障害児本人(当時6年生)が次のように訴えている[2]。

> グループ学習は大変です。さっぱり分かりません。なにをしたらいいか分かりません。

　学習活動の手順や役割分担などが具体的に示されないとお手上げなのだ。発達障害をもつ子にとって、左頁の基本要素③「個人の責任がはっきりしていること」は絶対条件なのである。

　役割分担を明確にした上で活動に取り組ませる。その際に有効な手立てが、

> クラウド上で共同編集させる

ことである。例えば、グループでプレゼンテーション資料を作成する活動なら、ロイロノート、Googleスライドなどのアプリを用いてクラウド上で作業をする。その際、「全体で何枚のスライドを作るか」「誰が、どのスライドを担当するか」などを明確にすることで、発達障害をもつ子も参加しやすくなる。他の子の作業状況を見ることができる

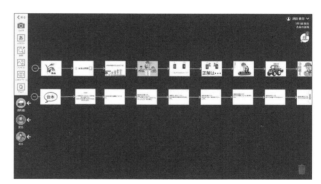
▲ 「何を」「あとどれだけ」できるのか分かりやすい

ので、困った時にはそれらを参考にして作業することもできる。この安心感は大きい。

　左頁の基本要素②「子ども同士の対面的なやりとりの機会が十分にあること」もクリアできる。共同編集は、それぞれの作業はクラウド上で個別に進めるが、それに伴う相談や意見交流は対面で同時進行できる。またクラウド上でのメッセージやコメントのやりとりも可能だ。直接的なコミュニケーションが苦手な子でも、端末というツールが緩衝材となり得る。クラウド活用によってグループ学習の可能性が大きく広がる。

全教科　全学年　**❻ 忘れ物の多い子 × ICT**

「いつになったら持ってくるの！」
と叱る

▶GIGAスクール時代なのに
「忘れ物指導」は昔のまま

活用アプリ
Googleフォト
Googleスライド

1．効果がない忘れ物指導

　忘れ物をした子に対し「いつになったら持ってくるの！」と感情的な指導をしたことはないだろうか。「忘れ物をするのは本人の努力不足」と決めつけたり、「忘れ物をしないよう気をつけなさい」と曖昧な指導をしたり、「次は忘れ物をしないように気をつけます」と言わせたり、電話や連絡帳で保護者に連絡したり……。忘れ物指導でよく見られる光景である。しかし、多くの場合効果が出ない。効果がないということは、根本的な改善になっていないのである。それでもこのような忘れ物指導を続ける価値はあるのだろうか。

2．忘れ物をしてしまう原因はそれぞれ

　忘れ物の多い子どもの特徴として大きく2つのことが挙げられる。
（1）整理整頓が苦手
　　　部屋には荷物が散乱している。学習机の中も整頓ができていないので、どこに何があるのか分からない。必要なものを必要な時に取り出せないので、必然的に忘れ物をすることが増えてしまう。
（2）やるべきことを後回しにする傾向
　　　学校から帰宅後も、自分のやりたいことを優先し、やるべきことを後回しにしてしまう。次の日の準備が登校前ぎりぎりになってしまったり、準備そのものを忘れてしまったりする。こうして忘れ物をくり返してしまう。
　ワーキングメモリの弱さも忘れ物の原因となるだろう。ギャザコールとアロウェイの両氏は、子どものワーキングメモリ能力に合わせた、以下のような支援の必要性を述べている。

●ワーキングメモリの負荷を減じる

●重要な情報をくり返す

●記憶補助ツールの使用を促す　など[1]

　子どもの特性やワーキングメモリ能力に適切に対処することで、忘れ物を減らせるはずだ。

3．ここまでやっておこう‼　ICT活用の下準備

（1）「整理整頓が苦手」な場合

STEP❶　整理整頓されている机・ロッカーの写真を撮影して「Googleフォト」に保存。

STEP❷　定期的にその写真を見ながら、整理整頓をさせる。

（2）「やるべきことを後回しにする」傾向がある場合

STEP❶　優先順位を確認して、やるべきことを先にすることを確認する。

STEP❷　優先順位項目を「Googleスライド」等で作成して、定期的に確認させる。

4．ICTを記憶補助ツールとして活用する

　整理整頓が苦手な場合、「整理整頓はどのように
すればよいか分からない。イメージができない」こ
とが多い。整理整頓できている自分の机・お道具箱、
ロッカーなどを撮影し、その写真を見せながら、定
期的に整理整頓させるようにする。その時間を意図
的に設ける。できれば金曜日の帰りの会の時に設定
しておくと、月曜の朝、スッキリした気持ちで登校するこ
とができる。そして、整理整頓できたことをしっかり褒める。
整理整頓の成功体験を積み上げていき、自分の部屋もきれ
いに整理整頓するように促す。

　やるべきことを後回しにさせないためには「下校後にお
家ですること」を教師と確認しながら、優先順位を話し合っ
ておく。そして話し合ったことを「Googleスライド」にま
とめておく。個人差があるので、習い事がある日とない日
で作成するのがよい。定期的にそれを確認する時間をとる。

　4月中旬ごろまでは毎日。そこから5月ごろまでは、月・

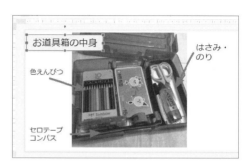

▲お道具箱の中身の写真（スライドで作成も可）

▲Googleスライドで作成し、定期的に確認

水・金。そして6月以降からは金曜日のみ、というように段階的に確認の回数を少なくしていく。
特に気になる子に対しては、確認の頻度を調整する。放課後の過ごし方には個人差があるので、
作成したスライドは定期的に見直すようにするとよいだろう。できれば学級通信などで、保護
者にも協力をお願いするとよい。

「この子はコミュニケーションが苦手だから」と最初から諦めてはいけない!

NG指導 ▶何が何でもしゃべらせようとする

1.「何が何でもしゃべらせよう」も「何もしない」も愚策

　コミュニケーションが苦手な児童がいる。「場面緘黙」の場合、教師とほとんどしゃべることができない子もいる。意見や気持ちを聞こうと、その子に呼びかけても口を開かない。この時にムキになってしゃべらせようとしたり、何度も何度も呼びかけたりする教師がいるが、これは逆効果になることが多い。子どもにプレッシャーを与え、「またしゃべれなかった」という失敗体験を積ませてしまうからだ。しかし、諦めて「何もしない」ことはさらによくない。何もしなければ何も変わらない。指導の放棄である。

2. 自閉症児がもつ「語用論的言語障害」

　言語によるコミュニケーションが著しく難しい場合、発達障害の可能性が考えられる。精神科医の杉山登志郎氏は自身の論文の中で、

> 自閉症すべてに認められるコミュニケーション障害は語用論的言語障害であるという結論が既に得られている (Baron-Cohen, 1988) [1]

と述べている。「語用論的言語」とは、相手の言い方や表情から相手の気持ちを読み取りながらコミュニケーションをとる言語活動である。

　つまりコミュニケーションが著しく苦手な児童は、言い方・表情から相手の気持ちを読み取れない、同時に自分の気持ちを伝えることに恐れや苦痛を感じる障害である可能性が考えられる。

　その児童に発話を強要することは、恐れと苦痛をくり返し与えることになる。大事なことは児童が対人関係で困らないように「①伝え方を工夫」すること、また「②対人関係のマナーを分かりやすく教える」ことである。ICT機器を用いて簡単にその2つを行うことができる。

3. ここまでやっておこう!!　ICT活用の下準備

STEP❶ ▶「Google Classroom」でクラスを作成する。

４．コミュニケーションカードを有効活用

　コミュニケーションに障害のある児童・生徒には、「コミュニケーションカード」が有効である。コミュニケーションカードを使えば、イラストを指さして気持ちを伝えるといった「伝え方の工夫」ができる。また「対人関係のマナー」として分かりやすいイラスト一覧として示すこともできる。

▲「ザ・プロンプト」

　便利なコミュニケーションカードを無料で提供しているサイトを紹介する。

「ザ・プロンプト！絵カードセンター」というサイトでは、様々な絵カードを無料でダウンロードすることができ、また自分でカードを作成することもできる。「和歌山市のＨＰ」ではコミュニケーションカードを独自に作成し、こちらも無料でダウンロードできる。

▲和歌山市ホームページ

「ザ・プロンプト！絵カードセンター」

▲Jamboardで作成した
コミュニケーションシートの例

　Googleが提供するアプリ「Jamboard」を活用することもできる。ダウンロードしたカードをJamboardの背景にして貼れば、コミュニケーションシートが出来上がる。

　イラストを丸で囲んで示すことで、自分の気持ちや考えを伝えることができる。書いた丸はすぐに消せ、何度でも使うことが可能である。カードを画像として「Googleドライブ」に保存しておけば、たくさんのカードの中から子ども自身で必要なものを選び、Jamboardに貼り付けて使用することも可能である。

▲「えこみゅ」

　iPad等で使用できるコミュニケーションアプリも多くある。「えこみゅ」ではコミュニケーションカードを選んでボタンを押すと、相手に音声で伝えてくれる。「かなトーク」は打ち込んだ文字を読んでくれる。「筆談ボード」は筆談でコミュニケーションをとることができて便利だ。

　以上のようなサイトやアプリを用いて伝え方を工夫する中で「気持ちを伝えることができた」という達成感を味わわせたい。また、対人関係のマナーについても学ばせ、子どもの困り感を少しでも軽減できるようにしていきたい。

「時計を見て行動しなさい」という指導では子どもは時間を守るようにはならない

NG指導
▶時間感覚の弱い子に「時間を守りなさい！」
▶時間を守るための手立てを考えない

活用アプリ
ねずみタイマー
TIME TIMER

１．時間が守れなくて困っているのは子ども自身である

　時間を守るのが苦手な子がいる。休み時間が終わっても遊び続けて授業に遅れる。委員会活動の時間に遅れる。やりたいことに没頭して時間を忘れる。その子は時間が守れずに「困っている」のだ。このような子に対し、時間を守るための具体的な方策を示してあげるのが教師の仕事である。しかし多くの教師は「時間を守れ！」「時計を見て行動しろ！」と叱責する。これは指導とは呼べない。これで守れるようになるのなら、誰も苦労はしない。

２．「過集中」と「不注意」が時間知覚を乱す

　ADHDの子は時間が守れないことがよくある。そのためADHDは、

> 「時間知覚の障害」

とも呼ばれる。[1] ADHD の特徴である「衝動性」も、時間知覚の異常として時間の過少推定から起きていると考えられている。

　ADHDの子は、他の子とは違う「時間の感じ方」をしているようである。例えば、目の前のことに集中し過ぎて、脳の時間計測に向けられる注意のリソースが少なくなり、時間を少なく感じるようになる。いわゆる「過集中」だ。本人の感覚では10分だと思っていたのが、実際には15分経っていたというような状況になるわけである。逆に「不注意」の状態では、時間の流れが遅く感じられ、せっかちになる。予定の時間よりも極端に早く活動を切り上げようとするのは、この「不注意」の状態である。時間が過ぎるのをただ待つということが苦手なのだ。

　過集中による没頭と、不注意による退屈。ADHDの子の時間知覚は「引き伸ばされたり縮んだりしている」のだ。時には「ぐずぐず」、時には「せっかち」。ADHDの子には、ちょうどバランスのとれた状態がないといえる。

　また、約束の時間を「忘れてしまいやすい」という特性も、時間を守れないことにつながっているだろう。教師による叱責だけで、これらADHDの特性を克服できるようになるとは到底考えられない。

３．ここまでやっておこう!!　ICT活用の下準備

STEP ❶　「ねずみタイマー」「TIME TIMER」などのアプリをインストールする。

STEP ❷　活動内容に合わせてタイマーを設定する。

４．残り時間の「量感」が分かるように視覚的に示す

　教師は「時計をよく見て行動しなさい」と言う。これが案外難しい。なぜなら学校内では、どこにいても時計が見られるとは限らないからである。特に運動場では時計を確認しにくいことが多い。子どもに時計をよく見せたければ、

子どもに時計を持たせる

のが道理だろう。100円ショップなどで安価な腕時計を購入し、休み時間に子どもに持たせる。腕時計を身につけるという嬉しさもあり、時計をよく確認するようになる。子どもが時間を守ることができた時には、大いに褒めてその行動を強化したい。

　授業の場面では、やはりタイマーを用意することが有効だろう。人間が外界から得る情報の約７割が視覚由来の情報であると言われている。タイマーで残り時間を視覚的に把握させることは非常に有効な支援方法と言えるだろう。しかし、単なる時計では「残り時間」をイメージすることは難しい。時間の「量感」を伝えるためには、以下のようなアプリがおすすめである。

「ねずみタイマー」

　時間を設定してタイマーをスタートさせると、かわいいねずみがりんごを食べ進めていく。ねずみは「10秒ごとに1個」のりんごを食べる。最後のチーズを食べ終えたらタイムアップである。「残り時間＝りんごの数」として視覚的に量感を示してくれるので分かりやすい。「TIME TIMER」というアプリも同様で、こちらはもっとシンプルに残り時間を視覚的に示してくれる。子どもの発達段階や特性に合わせたタイマーアプリを活用するとよいだろう。

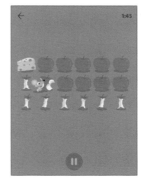
▲「ねずみタイマー」

▲「TIME TIMER」

「声が大きすぎる！」や「もっとはっきりしゃべって！」という注意は意味がない

NG指導
▶叱る、説教する
▶声のものさしだけで指導する

活用アプリ
こえキャッチ
Speak Up Too　など

１．注意や叱責という短絡的な手段しかもたない教師

　声の大きさを調整することが苦手な子どもには2つのタイプがある。「声が大きすぎる子」と「声が小さすぎる子」だ。大きすぎては周囲への迷惑になり、小さすぎてはコミュニケーションが円滑に進まない。そして多くの場合、教師の対応は「うるさい！　静かにして！」「声の大きさを下げなさい！」や「聞こえません。皆に聞こえるように言って」「はっきり話しなさい」などだ。しかし、そのような対応で声の大きさを調整できるようにはならない。なぜなら、これらの言葉は指導ではなく、「注意」だからである。声の大きさが改善されないので、また教師の叱責が飛ぶ。それでも変わらないのでまた注意をする。このくり返しである。

２．「声のものさし」は万能ではない

　ASD（自閉症スペクトラム）の子の発話には、

> イントネーション、ピッチなどに加え、声の大きさの調節の困難さがある

という特徴があるとされている（Shriberg *et al.*, 2001）[1]。

　声の大きさの調整が難しい子に対して、教室では「声のものさし」を使って指導することが多い。「声のものさし」は、声量という不可視な概念を視覚化した図のことである。こういう場面ではこの声で話せばよい、ということを視覚的に伝えてくれる教材だ。これにより改善する場合ももちろんある。

　しかし、ASDの子の中には他者への関心の乏しさによりスキル学習への動機づけが低い子もいる。また、教師によるフィードバックを必要とする方法であるため、子どもが学習する機会や場面が限定され、なかなかスキルが身に付かないという問題点もある[1]。

3．ここまでやっておこう‼　ICT活用の下準備

STEP❶　「こえキャッチ」「Speak Up Too」などのアプリをダウンロードする。

4．声の大きさを調整するトレーニングアプリ

　子どものこころの分子統御機構研究センターでは、声の大きさを練習するゲーム形式のトレーニングアプリを開発し、声の大きさの調整に与える効果について検証した。その結果、目標の大きさに合わせて声の大きさをコントロールするスキル、場面に合った声の大きさを理解するスキルの獲得に効果があった。また日常場面でも声の大きさを調節しようと意識し始め、声の大きさの調整に関する自己効力感が高まったという[1]。

　声の大きさを調整できるようになるためのアプリは多数ある。そのいくつかを紹介する。

「こえキャッチ」

　画面に向かって声を出すと、その大きさによって動物が左右に動く。声の大きさの調整によって、上から落ちてくる果物をキャッチするというボイストレーニングアプリである。視覚情報と運動とゲーム性によって、楽しみながら調整スキルを身に付けることができる。

▲「こえキャッチ」

「Speak Up Too」

　言語療法ゲーム。タブレット端末に向かって声を出すと、画面上のイラストに変化が起こる。大きい声を出すと虫のイラストが大きくなったり、メーターの針が動いたりすることによって、声の調整の仕方を知る。大きな声で話させたい時に役立つ。

▲「Speak Up Too」声の大きさでイラストが動く

　「Sound Meter」というアプリは、自分の声の大きさが数値で示される。例えば、右のような表とセットで指導することで、TPOを理解できるようになる。

レベル	音の大きさ (dB：デシベル)	その時の環境	教室環境
1	20dB	とてもしずか　森林の音	作業をしているレベル
2	40dB	しずかな住宅街	お隣の人と相談レベル
3	50dB	ふつうの室内の会話	授業中の発表レベル
4	60dB	オフィス、通常の通常の室内の会話	班で話し合いのレベル
5	70dB	会話音、デパート内の騒音	すこしにぎやかなレベル
6	80dB	騒々しい教室、掃除機の音量	
7	90dB	地下鉄の騒音	７０dB よりも大きい 音量は必要あ りません。
8	100dB	工場内の騒音	
9	120dB	我慢できない騒音	
10	140dB	苦痛を与えるレベル	

「先生、次何するの?」「さっき言いました!」とイライラする

NG指導 ▶一度伝えたら理解できるだろうと考える

活用アプリ
やることカード
ルーチンタイマー

1．見通しをもたせたつもりなのに……

発達障害の子は1日の見通しや活動の見通しを持つことが苦手な子が多い。教師が予定を伝えたにもかかわらず、見通しをもてずに不安になったり、「先生、次何するの?」と何度も聞いてきたりする。子どものこうした反応に、イライラした気持ちで対応してはいないだろうか。

2．口頭で伝えるだけでは不十分

例えばASD（自閉症スペクトラム）の子は、こだわりが強いことから臨機応変に対応することが苦手で、自発的に活動することが困難なことが多い。また、先の状況が予測しにくい場面や新規の場面において、過敏な反応（かんしゃく、パニックなど）を示すことがある。こうした過敏な反応を抑えるために、学校や家庭でのスケジュールを明確に理解させることが肝要である。

ASDの子の多くは視覚的・具体的・個別的な事象や概念には意味を見出しやすく、視覚刺激を用いることで理解が促進されやすいことが指摘されている[1]。

ある研究結果によると、

> 写真であらかじめ活動の見通しを提示することで課題従事行動に効果があり、その人の自立の促進やQOL[※]の向上などにも大きな意義がある

ことも示されている[2]。つまり、口頭で伝えるだけでは十分に見通しをもたせることは難しいのである。有効なのは、絵や写真などの「視覚情報」で伝えることだ。絵や写真であればくり返し見せることもできるし、その子自身で何度でも見返すことができる。

明確な見通しを持たせるために、その子に合った方法を考えて提示する。これが教師の役目なのである。（※QOL：Quality Of Life「生活の質」と訳され「満足度」などの意味がある）

3．ここまでやっておこう!!　ICT活用の下準備

STEP❶ 「やることカード」「ルーチンタイマー」をインストールする。

STEP❷ やることリスト、活動の流れ、1日の流れなどを作成する。

4．ICTだからこそその機能で「プラスα」の効果が

　見通しを持たせるために視覚支援をすることは多くの教室で実践されていることだ。黒板やホワイトボードに１日の予定を提示したり、絵カードを作って作業手順を示したりするのが代表例である。これらの視覚支援にICTならではの良さをプラスする。

　LITALICO（リタリコ）が提供するアプリ「やることカード」は、やること（タスク）のリストや手順を、絵カードを並べて提示できるアプリだ。端末のアプリ上で提示できることの良さは、

持ち運びができる

 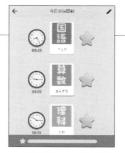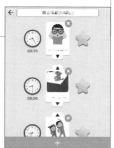

▲ 「やることカード」の絵カードは簡単に自作可能

ことだろう。子どもがいつでもどこでも、好きなタイミングで何度でも見返すことができる。さらにこのアプリでは絵カードを自由に作成することができる。右の写真ではイラストを使っているが、例えば教科書やノートなどその授業に必要な物の写真で絵カードを作ってもよいし、その授業をする先生の顔写真にしてもよい。その授業が行われる教室の写真にしてもよいだろう。また絵カードに音声を録音することもでやることに合った絵カードの作成が可能だ。さらに、各タスクが終了するごとに星印をタップしていき、

全てのタスクが終了すると「報酬（トークン）」がもらえる

ことも大きな魅力である。トークンがたまっていくことで、活動に対する意欲も高まる。

　他にも「ルーチンタイマー」というアプリも有用である。このアプリもやること（タスク）のリストを提示するためのものだが、特徴は、

各タスクにタイマーが設定できる

▲ 「ルーチンタイマー」の画面

ことである。活動全体の見通しと時間の見通しを同時に提示し、時間の計測までできる。ICT ならではの機能である。

　従来の視覚支援にICTを活用することで、今までにない「プラスα」の効果が得られるのだ。

いじっている物を無理矢理取り上げることの「功罪」

▶物いじりをしていることを叱る
▶いじっている物を無理矢理取り上げる

活用アプリ

Sensory Goo　など

１．ムキになってやめさせようとする教師たち

　授業中に物いじりをする子たちがいる。教師が何度注意してもやめない。何とかやめさせようと物を取り上げるが、今度は別のものを触り出す。何とかやめさせても、今度はイライラし始めて授業に集中できていない。物いじりは、絶対にやめさせないといけない行為なのだろうか。

２．物をいじるのには理由がある

　発達障害をもつ子、特にASD（自閉症スペクトラム）の子は非定型的な感覚の特徴をもっていることがしばしばある。

　物いじりのように、特定の感覚に関する経験を強く望んだり、没頭したりする行為を、

感覚探究（sensory seeking behavior）

と呼ぶ[1]。例えば鉛筆や定規を触り続けたり、自分の指のにおいをくり返し嗅いだり、食べ物でないものを口に入れたりする。感覚刺激を満たすための行為であり、本人は無意識でしている場合も多い。このような感覚探究行動に対しては、

無理に止めさせようとしても意味がない

ことが指摘されている。感覚探究行動をするのは脳からの指令であり、本人の意思でコントロールすることは難しい。単に子どもに我慢を強いるだけならば、そのストレスが別の不適応行動に現れてくることも考えられる。叱っても、怒鳴っても、物を取り上げても、本人の感覚の問題は何も解決されないのである。ならば「我慢させる」のではなく「満たす」方向で、支援方法を考えるべきである。

３．ここまでやっておこう!!　ICT活用の下準備

STEP❶　「Sensory Goo」などのアプリをインストールする。

4. 「抑止」ではなく「認める」

感覚探究行動への対応方法として、

センサリーダイエット (sensory diet)

がある。「センサリーダイエット」とは感覚探究行動を完全に抑止するのではなく、感覚刺激が入る活動を意図的に組み込むことで本人の感覚刺激を満たし、不適応的な感覚探究行動を減らしていく方法のことである。その子の欲求を「抑止」するのではなく「認める」のだ。

手軽に活用できるのは「センサリーグッズ」だ。センサリーグッズには様々な感触・形状のものがあり、ゴムボールに似たものや数種類のボタンがついたもの、とげとげした指輪状のものなど多種多様だ。感覚刺激が欲しい子にセンサリーグッズを触りながら学習することを認め、学習に集中しやすくする。そして時間をかけ、徐々に小さなセンサリーグッズに代えていったり、触る時間を短くしていったりするとよい。

感覚刺激に特化したアプリも開発されている。App StoreやGoogle Playで「Sensory」と検索すれば様々なパターンのアプリを見つけることができる。以下のようなものだ。

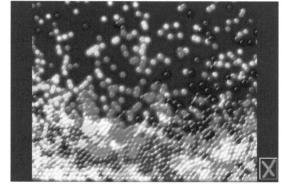

▲ 「Sensory Goo」画面をタップするたびにバブルが飛び散る

- 「Sensory Goo」
- 「Sensory iMeba」
- 「Sensory Electra」
- 「Sensory Just Touch」 など多数

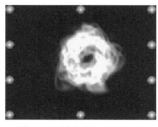

▲ 「Sensory iMeba」

右の写真は「Sensory Goo」のものだ。画面をタップするとバブルが出現し、弾け飛びながら画面の中に溜まっていく。他のアプリも基本的には同じで、タップのたびに次々と変化が起こり、その変化を楽しめる。

こうした視覚的な感覚刺激を入力することで、他の不快な感覚をシャットアウトするという効果もある。カッとなった時やイライラする時などのクールダウンとしても活用できそうだ。センサリーグッズのような物理的な感覚刺激入力と、ICTを使用した感覚刺激入力。子どもの特性や場面に応じて選択したり、組み合わせたりするとよい。

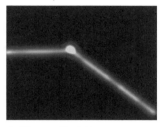

▲ 「Sensory Electra」

「クールダウン」と言って別室で放置するのは 体のよい指導放棄である!

NG 指導

▶キレた子に対して、別室に連れて行くだけで、何もしない

活用アプリ

気持ちの温度計

1.「放置」することで、大切な教育の機会を失う!

　キレる子のために、クールダウン用の部屋を作ることはよいことである。しかし、クールダウン用の部屋を作ったことで、「その部屋に入れておけばいいだろう」と安易に考える教師がいる。クールダウン用の部屋に入るのは興奮を落ち着かせるためであり、クールダウンした後になぜ興奮したのか、どのように興奮を収めればよいのか、などを教える必要がある。放置すれば、大切な教育の機会を失うことになる。

2.クールダウン後の対応こそが、子どもを成長させる

　鳥取大学教授・井上雅彦氏は、クールダウンをしたあとの対応として、次の方法が効果的であると述べている[1]。

> 癇癪が止まり、子どもが完全に冷静さを取り戻したタイミングで落ち着けたことをしっかり褒めるようにしましょう。褒めてあげることで子どもは安心感を抱き、さらには気分を落ち着けるための方法を学ぶことで、予防にもつながります。
> 時間が経ってからだと、癇癪を起して落ち着いたという一連の流れを忘れてしまうので、落ち着いたらその場で褒めてあげることを心がけましょう。

　クールダウン部屋に行くのは、あくまで「落ち着かせる」ためであり、その後の対応こそが大切になる。

　「なぜ落ち着くことができたのか」「どのようにすれば落ち着くことができたのか」を確認し、落ち着くことができたことをほめ続けることで、興奮したときにどのように行動すればよいかを次第に身につけることができる。

　落ち着くことだけを目的に、クールダウン部屋に連れて行っても、その後の子どもの行動は変わらない。子どもの行動を変えるためには、「落ち着くためのスキル」を、教師が根気強く教えていくより他に方法はないのだ。

3．ここまでやっておこう!!　ICT活用の下準備

STEP ❶ 「アンガーコントロールトレーニングキット（教育技術研究所）」のアンガーログファイルを準備する。

STEP ❷ 熊本市教育センター作成の「気持ちの温度計」を起動する。

気持ちの温度計

4．クールダウン後に、「アンガーマネジメント」を行う

　キレて興奮した子がいた場合、まず落ち着かせるためにクールダウン部屋に連れて行く。

　その子がある程度落ち着いたら、アンガーログ（教育技術研究所）を準備する。

　アンガーログの「いかりのおんどけい」を示しながら、「さっき怒っていたよね。どれぐらいの怒りだったかな？」と問う。

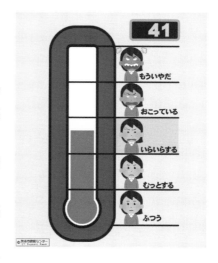

　子どもがおんどけいの場所を指さすことで、その怒りの状況を確認したり、「もうちょっと低いんじゃない？」と正しい怒りの大きさを教えたりする。

　熊本市教育センターの「気持ちの温度計」は、それを指で動かすことができるように作成されている。

　赤い部分が動くので、視覚的に分かりやすい。自分の怒りの大きさを正確に把握しやすくなる。

　怒りの大きさを確認したら、アンガーログを使って、アンガーエクササイズを行う。

> 　Aさんを落ち着かせる方法は何かな？

と問う。子どもと話し合いながら、その子の落ち着くことができる方法を付箋に貼り、保存していく。

　また、専用のフラッシュカードを使って、ネガティブな思考をポジティブな思考に変える「ポジティブチェンジ」を行う。

　このように、クールダウン部屋を使って、アンガーコントロールを行うことで、子ども達は少しずつ自分で落ち着く方法を身につけていく。

「宿題をやってくるのは当たり前」と思っていないか

NG指導
▶全員一律に同じ内容の宿題を出す
▶宿題は「やって当たり前」と考える

活用アプリ
Googleスプレッドシート

1．宿題をしないのは「努力不足」？

　毎日出される宿題。帰宅し取りかかろうとするも、ついテレビが気になる。ゲームがしたくなる。マンガを夢中で読んでしまう。そしていつしか宿題の存在自体を忘れてしまう。次の日、待っているのは「居残り」や教師からの「叱責」だ。発達障害を抱える子は、宿題を含む家庭学習で失敗体験を積むことが多い。これを本人の「努力不足」と決めつけてはいないだろうか。

2．家庭学習が苦手な理由

　家庭学習にうまく取り組めない原因の1つとして考えられるのが、

> 実行機能（Excutive Function）の弱さ

である。実行機能とは「将来の目標達成のために適切な構えを維持する能力」のことで、具体的には、「目標設定」「計画立案」「計画実行」「効果的遂行」などの要素から成り立っている[1]。実行機能が弱いことで計画的に家庭学習に取り組めなかったり、行動を切り換えることが難しくなったりするのだ。

　また、ASDやADHDの子によく見られる傾向として、

> 過集中

がある。自分の興味がある事に対して過度に熱中してしまう状態のことである。過集中になると時間を忘れて没頭してしまったり、次の行動になかなか切り替えられなかったりする。興味を惹くものが多数ある家の中で、感情を抑制しながら家庭学習に取り組むのは一苦労なのである。

　さらには、報酬（トークン）がないことも一因として考えられる。通常、宿題を提出しても褒められることは少ない。「宿題をやってくるのは当たり前」という意識の教師が多いからだ。ちゃんとやっても褒められず、やらなかったら叱られる。これでは発達障害の子が、進んで宿題に取り組もうと思えないのは当然のことだと言える。

3．ここまでやっておこう!!　ICT活用の下準備

STEP❶ 「はじめよう！これからの家庭学習」のPDFをダウンロードする。

STEP❷ 「11家庭学習の時間をグラフで振り返ろう」のテンプレートをコピーさせる。

4．自分の家庭学習について「メタ認知」させる

　まず大前提として、学級の全員に「同じ内容」「同じ量」の宿題を一律に出す必要はない。時代は「個別最適な学び」を求めている。従来の一様一律の宿題の在り方を見直し、その子に合った内容や量の課題に取り組ませるのが望ましい。

　その上で、見通しをもって家庭学習に取り組めるよう、

　家庭学習について「メタ認知」させる

▲ 「はじめよう！これからの家庭学習」

ことが有効だ。そのためのツールとして「Googleスプレッドシート」を活用する。Google for Educationが提供する「はじめよう！これからの家庭学習〜Google for Educationを活用した事例ブック〜」はWeb上でPDF版を無料ダウンロードできる。家庭学習における様々な事例が掲載されており、そこで紹介された教材テンプレートも無料でコピーできる。

「はじめよう！これからの家庭学習」

　ここに掲載されている「11 家庭学習の時間をグラフで振り返ろう」のテンプレートを使用して、子どもに家庭学習に取り組んだ時間を入力させる。入力した数値は瞬時にグラフや表に反映され、自分の家庭学習時間の内訳や合計がひと目で分かるようになる。この「瞬時にグラフ化される」というフィードバックの速さが、子どもにとっては嬉しい。数値を入力し、日々の家庭学習の結果が目に見えて変化していくこと自体が、子どもにとっては報酬（トークン）の１つとなる。

　また、学習時間の内訳を見て「漢字練習をした時間が少ないから、もっと頑張ろう」というふうに、学習の見通しを立てることにも役立つ。印刷したり画像保存したりすれば、家庭学習の軌跡として残すこともできる。教師はそれを見て褒めたり、アドバイスをしたりすればよい。

「片づけなさい」は、指導ではない

NG指導 ▶繰り返し「早く片づけなさい」と言い続ける

活用アプリ
TIME TIMER

１．片づけが苦手な子ども達

　朝の準備ができない子がいる。いつまでも机の上にランドセルが置きっぱなしである。授業が始まっても、前の時間の教科書やノート、配ったプリントが散乱している。

　教師は、「早く片づけなさい」と指導するが、なかなか片づかないため、最後は「何度言ったら分かるの！　早く片づけなさい」と叱責してしまう。「片づけなさい」と言ってできない子に対して、その言葉を使い続けることは、NGである。

２．「早く片づけなさい」では、子どもは動きようがない

　ADHDの子は、片づけが苦手であると言われている。健康医療科学研究の野間桜子氏と山口大輔氏の論文に、アメリカのカウンセラーであるサリ・ソルデン氏の言葉が引用されている[1]。

> 彼女は、空間認知能力の低さが、物や空間への整った視覚的イメージの持続を困難にさせ、そのことが整理整頓の苦手さにつながると述べている。

　片づけの苦手さは、「空間認知能力の低さ」に起因するものである。整った状態をイメージできないため、どのように片づけてよいか分からないのである。きれいに片づいた状態をイメージできない子に「早く片づけなさい」と言っても片づけられるようにはならない。別のアプローチが必要なのである。

　また、片づけに必要な時間についても同様のことが言える。「早く」とは、どの程度の時間のことをいうのかが曖昧である。発達障害の子ども達は、「早く」を具体的にイメージできない。

　だから、「早く片づけなさい」という指示は、何も指導していないのと同じである。具体的な視覚支援があって、初めて指導したと言える。

３．ここまでやっておこう!!　ICT活用の下準備

STEP❶ 片づけしてきれいになっている写真を準備する。

STEP❷ タブレットに、「TIME TIMER」アプリをインストールする。

4.「早く」と「片づける」を視覚化し、具体的に提示する

ADHD児が片づけられるようになるためには、「片づけとはどのようにすることなのか」を教える必要がある。

たとえば、朝の準備ならば、「ランドセルがどのような状態になっていればよいのか」を、視覚的に見せる。右のような写真をタブレット端末に送って、「ランドセルをこのようにしてごらん」と指示する。できたら褒めて、「これが、『ランドセルを片づける』ということなんだよ」と教える。

視覚的に見せることで、片づけのイメージができ、片づけられるようになる。

しかし、これだけでは片づけられない子もいる。ランドセルの片づけは、「連絡帳を出す」「道具を机に入れる」など、いくつかのステップでできているからである。

どうぐをつくえにいれる

その場合は、ステップごとに写真を撮り、Googleスライド等に貼り付けて、タブレットに配信する（右図）。

最初は、教師が一緒にタブレットを見ながら、片づけを行う。できるようになったら、できたことを褒め、少しずつ手を離していく。

次に、片づけの時間を短縮させるために、「TIME TIMER」というアプリを使う。

「TIME TIMER」

アプリを立ち上げ、タイマーを5分にセットし、「片づけ。5分間」と言うだけでよい。

TIME TIMERは、時間が経つにつれて、赤い部分が減っていくしくみになっている。以前担任した子が、次のように言っていた。

> 赤の部分が、4分の1ぐらいに来ると焦るんだよな。

彼は時間の感覚を数字ではなく、面積で測っていたのだ。

数値で示すよりも、面積で示した方が分かりやすい子もいる。

「早く」といった曖昧な表現では、子どもが動かないのは当然なのである。

「書く量が少ない」「字が汚い」日記は書き直させるべきなのか

NG指導 ▶書く量が少ないと「たくさん書け」と指導する

活用アプリ
Googleドキュメント

1．文字を書くことが苦手な子がいる！

　日記を宿題にしている教師は多いと思われる。その日記をチェックしていると、2～3行で終わっている子や字が雑で読めない子がいる。その子たちに対し、安易に「もっとたくさん書きなさい」と指導したり、「なんできれいに書けないんだ。書き直しなさい」と指導したりするのは、NGである。改善するどころか、その子を傷つけている可能性が高い。

2．文字を書くことが苦手な子は、「発達性協調運動障害」の可能性あり

　発達障害の子の中には、書くことに苦手意識をもっている子がいる。発達性協調運動障害（DCD）を抱える子は、不器用で、丁寧に書いたつもりでも、きれいな字を書くことは難しい。

　DCDを抱えていた龍馬くんは、自信の手記の中で次のように述べている[1]。

> 字を書くことはたいへんです。〔習字も含めて〕
> 手のコントロールができないから、バランスよく字が書けません。「きれいに、丁寧に。」と言われるけど、何がきれいなのか、何が丁寧なのか、余計わかりません。

　DCDを抱える子は、丁寧に書いているつもりなのである。雑に書いたわけではない。

　にもかかわらず、教師から書き直しを命じられたり、「もっとたくさん書きなさい」と叱責されたりする。

　一生懸命やっているのに叱られたDCDの子は、どうなるだろうか。

　自己肯定感が下がり、今まで以上にやる気を失っていくことは、火を見るより明らかだろう。

　子ども達のやる気を削いでいるのは、教師の特性を理解しない指導による可能性が高い。

3．ここまでやっておこう!!　ICT活用の下準備

STEP① 「Googleドキュメント」アプリをタブレットにインストールする。

STEP ❷　「Google Classroom」の課題機能で、ドキュメントファイルを送信する。

４.「キーボード入力」や「音声入力」で、日記を書かせる

龍馬くんは、その手記の中で次のようにも言っている[2]。

> パソコンで文を書くことは一番やりやすい方法です。（中略）
> パソコンで文を書くと自分でも読みやすいし、きちんときれいでいいです。

この手記が書かれた当時は、まだパソコンを学校で使うことは難しい時代だった。

しかし、今は１人１台端末がある。端末を使わない手はない。

文書作成アプリ「Googleドキュメント」を端末にインストールさせる。

「Googleドキュメント」

そして、Google Classroomの課題機能を使って、ドキュメントファイルを配信する。

配信する際、ファイルの形式を「各生徒にコピーを作成」にする。

この形式にすることで、それぞれの児童に別々のファイルが配信される。個別に日記を作成することができる。

このファイルを配信した上で、子ども達に次のように言う。

> 日記は、ノートに手書きで書いてもいいし、ドキュメントでパソコン入力してもいいです。

手書きかパソコン入力かを選択できるようにする。自分の得意な方法でやればよい。

しかし、中には手書きもパソコン入力もどちらも苦手だという子がいる。

その場合は、「音声入力」機能を使えばよい。

音声入力なら、句読点を入れたり、段落構成で成形さえすれば、とても読みやすい日記となる。

↑音声入力ボタン

全教科 全学年 ⑯ 感覚過敏の子 × ICT

「みんなと同じようにしなさい」と 苦手なことを無理強いしていないか

NG 指導
▶「みんなと同じことをする」にこだわる
▶本人が苦手なことを無理強いする

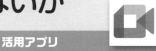

活用アプリ
Google Meet

1．集団での活動に参加しにくい子ども達

　発達障害を抱える子の中には、運動会や音楽会、全校集会といった集団での活動がとても苦手な子たちがいる。その姿を見て「サボろうとしている」「我慢が足りない」と考え、子どもが泣きわめいても構わず活動に参加させようとする教師がいる。「その場所にいさせる」こと自体が目的となるなら本末転倒のNG指導である。

2．我慢を強いるのは虐待に等しい行為

　集団での活動に参加しにくい原因の1つとして、「感覚過敏（感覚過剰反応）」が考えられる。特定の感覚刺激に対して苦痛を感じたり、過度に否定的な反応を示してその刺激を回避したり、過度に警戒したりして、日常生活に支障をきたしてしまうのだ。

　例えば聴覚過敏の子が集団の中にいると、周りのざわめきが大音量に感じられ耳を塞ぎたくなるかもしれない。嗅覚過敏なら、周りの子の衣服から発せられる柔軟剤などのにおいで気分が悪くなるかもしれない。本人が感じている不快感を無視し、無理矢理にでも活動に参加させようとすることは虐待に等しい行為なのである。

　感覚過敏の支援の例として、

●不快感や不適応行動を誘発する感覚刺激を軽減するよう環境調整を行う
●不快感や不適応行動を誘発する感覚刺激を軽減するツールを用いる
●本人の対処行動のバリエーションを増やし、適切な代替行動の獲得を支援する

などが挙げられる[1]。本人の不快感を緩和し、その子が活動に参加できる方法を模索することが教師の務めなのである。

3．ここまでやっておこう!!　ICT活用の下準備

解説動画

STEP❶　「Google Classroom」でクラスを作成する。

STEP ❷　作成したクラスに対象の児童生徒を参加させる。

４．「みんなと同じ」参加の仕方でなくてもよい

感覚過敏が原因で集団での活動に参加しにくい場合、次のような考えが大切になる。

「同じ時間に（同期）」「同じ場所で（対面）」参加させることにこだわらない

参加しにくい原因を考え、どうすればその子が活動に参加できるか、参加方法の代替案を提案する。可能であれば複数の代替案を提案し、本人に選択してもらえるようにするのがよい。決して「みんなと同じ」参加の仕方にこだわらないことだ。

例えば、全校集会に参加しにくい場合であれば「オンラインでの参加」を提案する。Google Classroomでクラスを作成し、その子を参加させておけば、簡単にオンライン授業を開設することができる。教師用の端末でGoogle Classroomを開き、画面上のカメラマークを押す。

「Google Meet」

これだけでGoogle Meetが立ち上がり、オンライン授業が開設された状態になる。この状態で、全校集会が行われる場所にスタンド等で教師用端末を設置しておけばよい。あとは同じ手順で、子どもが自身の端末からGoogle Meetに入ればよい。集会の会場とオンラインでつながることができる。

▲カメラマークを押すだけで「Google Meet」を立ち上げることができる

オンラインでの参加であれば、余計な雑音を軽減できるし、音量自体も調節できる。においも画面からは伝わらない。その場所にいなくてはいけないという緊張感も緩和できる。無理にその場に参加させるのではなく、「この方法なら参加できた」という成功体験を味わわせることが大切である。

他にも、全校集会の様子を録画したものを視聴するという方法もあるだろう。いわゆる「非同期型」の参加方法だ。動画視聴でも、集会に参加したことには変わりない。必ずしも「同期・対面」での参加にこだわる必要はないのである。

運動会や音楽会練習の場合でも、基本的な考え方は同じである。その子が参加できる方法を様々考えてみる。ICT機器の活用は、その大きな一助となるだろう。

カラフルな板書は教師の自己満足？

NG指導
▶赤や緑のチョークでカラフルな板書をする
▶カラフルな板書をそっくり写させようとする

活用アプリ
色のシミュレータ

１．カラフルな板書は誰のため？

　研究授業や参観授業の時に、板書をとても「カラフル」にする教師を見かけることがある。基本となる白チョークの他にも、赤、黄、緑、青、茶などのチョークを使い分け、色鮮やかな板書に仕上げる。もちろんそれは、学習内容を分かりやすく伝えるための工夫であり、「子ども達のためになる」と信じてやっていることである。しかし、カラフルな板書は本当に分かりやすい板書なのだろうか。

２．「色覚異常」の子たちが見ている世界

　色の見え方には個人差がある。皆が同じように見えているわけではない。複数のカラーチョークで書かれた文字をうまく識別できない子たちもいる。「色覚異常」の子たちだ。

　色覚異常とは、色の見え方が通常の人とは違う症状のことを言い、「色覚特性」とも呼ばれる。先天的な色覚異常は「錐体細胞（色センサー）」が正常に機能しないことで引き起こされる。Ｐ型・Ｄ型・Ｔ型などのタイプがあり、色センサーの働きの違いが色の見え方の違いになる。この特性は一生変わらず、治療法も存在しない。日本では男性の約５％（20人に１人）、女性の約0.2％（500人に１人）が色覚異常を抱えているとされている。これは「学級に1人、色覚異常の子がいる」と考えてもよいくらいの割合である。しかし、色覚異常を抱えているかどうかは第三者には分かりにくく見過ごされることが多い。本人が自覚していない場合さえある。

　「黒板の赤チョークの文字が見にくい」「赤と黒のボールペンで書かれた文字を読み分けにくい」「赤、茶、緑などの点で示された分布図が見にくい」「絵の具を混ぜると色が分からなくなる」「体育の時ゼッケンの色が見分けられない」「左右違う色の靴下やスリッパを履いてしまう」「カレンダーで祝日を見落とす」「焼き肉で生なのに焼けたと勘違いする」「黄色い街灯と赤信号が見分けにくい」「緑の自然の中の小さな赤色の花が目立たない」……。これが色覚異常の子たちが見ている世界である。

　このような色覚異常の子にとっては、色鮮やかな板書はあまり意味がない。板書のどの部分が大事なのか。色分けにはどのような意味があるのか。何色にも色分けされた板書を見てもその違い分からないし、その通りに書き写すことも困難なのである[1]。

3．ここまでやっておこう!!　ICT活用の下準備

STEP ❶　「色のシミュレータ」のアプリをインストールする。

STEP ❷　アプリを通して、自身の板書の色の見え方を確認する。

4．「色覚シミュレーションアプリ」で見え方を確認する

　子ども達に板書がどう見えているのか。色覚異常の見え方を確認できるアプリがある。

「**色のシミュレータ**」

▲色覚異常の見え方をアプリでシミュレーションしてくれる

　色覚異常を抱える人の色の見え方を体験するための色覚シミュレーションツールである。カメラで撮った動画像をリアルタイムに変換し、どのように色が見えているのかシミュレーションをしてくれる。自身の板書をこのアプリを通して見てみると、色覚異常の子の見え方を確認することができる。色の識別が難しい箇所があれば、色の選び方や書き方の工夫が必要だ。具体的には、「濃い赤は使わず、朱色やオレンジ色を使う」「色だけに頼らず、太字、下線、傍点、囲み枠などの変化をつけて目立たせる」などの方法がある。また、色覚異常の子でも見やすい「蛍光色チョーク」を使用することも1つの手立てである。

　他にも、色を見分けにくい人のための色覚補助をしてくれる『色のめがね』、カメラを通して色を調べることができる『色彩ヘルパー』などのアプリがある。これらは色覚異常の子が色を識別するための補助ツールとして用いることができる。いずれのアプリも無料で、iOS版とAndroid版の両方が提供されている。自身の板書の見え方を、ぜひ確認していただきたい。

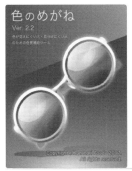 

▲ 『色のめがね』は見えにくい色を見えやすい色に変えてくれる

▲ 『色彩ヘルパー』は被写体の色を教えてくれる

家庭訪問と電話だけで「繋がっている」と考えるのは錯覚

▶不登校の子に対して、「家庭訪問」と「電話」だけで対応する

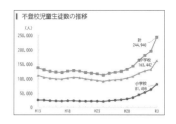

活用アプリ

Google Meet
Zoom

1．増加し続ける「不登校」

　文部科学省の「令和3年度児童生徒の問題行動・不登校等生徒指導上の諸課題に関する調査結果」によると、不登校の児童は年々増えており、過去5年で1.5倍に急増している。各学校でも、不登校児への対応をどうするのかが課題となっている。その中で、「学校に来ないのはしようがない。電話連絡と時々家庭訪問で対応しよう」という結論に至るのは安易である。不登校の子は、もっと別の対応を望んでいる可能性もある。

2．不登校への対応には「オンライン授業」が必須である！

　不登校には、原因やその時期によって、様々なタイプがある。よって、一概にこれが正しいという対応はない。長崎県立子ども医療福祉センターの小柳憲司氏は、不登校の初期段階は「混乱期」であり、無理矢理に学校に連れて行こうとしない方がよく、逆に心のエネルギーが充塡された「助走期」では教師や家族の後押しが必要である、と述べている[1]。

　よって、教師が登校刺激を行うのは、子どもの心のエネルギーがある程度充塡された時期に行うことが大切であり、初期の段階では家庭訪問と電話連絡での対応は間違いではない。

　しかし、心のエネルギーが充塡された時期になれば、家庭訪問と電話連絡だけでは十分ではない。1人1台端末を持っている今、「オンライン授業」が必須となる。

　文部科学省が「1人の取り残しもしない」ことを謳っていることから、不登校の子にも学力を身につけさせることが求められる。Yang Wangらの研究によると、次のことが分かっている[2]。

> 表現力の高い講師によるビデオ講義は、従来のビデオ講義や音声のみの講義よりも、生徒の覚醒度と学習満足度の向上に優れていることが分かりました。

　教師がオンラインで、顔を出して子どもと繋がることで、子どもの満足度が上がり、学習効果も上がる。子どもと教師の繋がりが強くなれば、不登校からの復帰も十分望むことができる。

3．ここまでやっておこう‼ ICT活用の下準備

解説動画

STEP❶ 「OBS」で、コンテンツと教師の両方が画面に映る設定を行う。

STEP❷ 「Google Meet」または「Zoom」で、画面を映す。

4．「OBS」を使って、コンテンツ画面と教師を同時に配信する

まず、教師のPCに「OBS Studio（Open Broadcaster Software）」のアプリを入れる。

「OBS Studio」
(Open Broadcaster Software)

　ダウンロードしたら、上のQRコードの解説動画を見ていただき、コンテンツ画面と教師が画面上に同時に映るようにセッティングをする。

　オンライン授業では、リアルのときのように教師が子どもの状況を確認できないため、画面には教科書や授業コンテンツを提示しなければならない。コンテンツを画面共有で配信すると、

教師の顔が画面に映らないため、安心感や緊張感を生み出すことができない。授業全体が緩んだ雰囲気になる。

　右上の写真のように、コンテンツと教師が同時に画面上に出ることで、子どもは今何をやっているかを確認できると同時に、先生に見られているという緊張感をもって授業に臨む。授業に緊張感が生まれる。

　OBSで、教師の顔を映す場合、教師は次のことを意識しなければならない。

---

①「笑顔」をキープし続けること

②「目線」を子ども達に送ること

　笑顔は、安心を感じる神経伝達物質・セロトニンが脳内に分泌されることが解明されている。

　教師が画面上で笑顔をキープし続けることで、子どもは安心して授業に参加できる。

　また、目線を子どもに送ることで、緊張を感じる神経伝達物質・ノルアドレナリンが脳内に分泌される。目線を送られ続けると緊張感が強くなりすぎるため、見る場所を変えながら、ほどよい緊張感を保つことが大切である。

「ネットは危険だから」と禁止ルールを山のように作る害悪

▶「ダメな使い方をした」という理由で
次々とルールを作り、守らせようとする

活用アプリ

DQ world

1．ネット依存傾向の子が増える日本

　私が勤務する兵庫県の調査によると、県内で、インターネットへの依存傾向が強い子が年々増える傾向にあることが報告されている（右図）[1]。

　これは、兵庫県だけに限られたことではない。全国的にそのような傾向があると推定される。

　1人1台端末がある今、授業中に端末を触ってしまう子や家に帰ってから夜遅くまで端末を触り続ける子も出てくることが予想される。

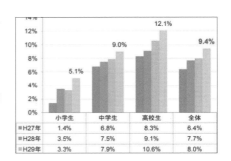

	小学生	中学生	高校生	全体
H27年	1.4%	6.8%	8.3%	6.4%
H28年	3.5%	7.5%	9.1%	7.7%
H29年	3.3%	7.9%	10.6%	8.0%

　このようなとき、学校は安易にルールを次々と作り、子どもを縛る。しかし、これでは本質的な解決には至らない。

2．「ルール」で制限しても、本質的な解決にはならない！

　ルールを作り、守らせれば、一定の効果はある。しかし、ルールは制限を加えることになるため、端末を使うことに消極的な子ども達を育てることになる。GIGAスクール構想の目的は、「情報機器に積極的に触れさせること」であることを考えると、ルールをたくさん作って子ども達に制限をかけることは、本末転倒である。

　海外では、ルールで制限をかけるのではなく、子どもの情報活用能力を高めることで、自ら制御できるように育てる教育が行われている。「デジタル＝シティズンシップ教育」である。「DIGITAL TECHNOLOGIES HUB」のHPには、次のように書いている[2]。

> デジタル・シティズンシップとは、デジタルテクノロジーに対する自信と積極的な関与です。

　情報機器の正しい活用の仕方を学び、自信を持って積極的に活用することで初めて、GIGAスクール時代の教育が成り立つ。

　今までのようにルールで制限をかけても、対応できないのである。

３．ここまでやっておこう!!　ICT活用の下準備

DQ world

STEP ❶ 「DQ world」のURLをコピーする。

STEP ❷ 「Google Classroom」で、URLを配信する。

４．「デジタル=シティズンシップ」の授業を行う

道徳の時間等を利用して、「デジタル=シティズンシップ教育」の授業を行う。

> ４年生のたかしは、次の３つの約束を守ることで、タブレットを買ってもらうことになった。
> ①学校で調べ学習の宿題が出た時だけ、使ってもよい。
> ②使っていいのは、おうちの人が見ているところで30分間まで。
> ③こまったことがあったら、すぐにおうちの人に知らせること。
> ある日、たかしは約束を破って、友達から教えてもらった動画を見てしまう。あまりにおもしろかったので、いろんな動画をいっぱい見ていると、見たことがない画面が出てきてしまった。

この話を読み聞かせ、基本情報を確認したあと、次の２つのことを問う。

> 発問１　たかしくんのパソコンの使い方は、何を直せばよいですか。
> 発問２　たかしくんが約束を守れるように、家のルールをどのように直せばよいですか。

たかしくんの使い方について直すべきところについて考えさせ、子ども同士で議論させる。

また、ルールそのものがこれでよいのかを議論させる必要もある。このように、多面的多角的に考え、正しく端末を使うことができるようにしていく（詳しくは、拙著『GIGAスクール時代の「ネットリテラシー」授業プラン』（学芸みらい社）をご覧いただきたい）。

授業の最後に、「DQ world」というネットリテラシーを学ぶゲームを行う。Googleアカウントがあれば無料で遊べるので、オススメである。

第**2**章

教科別 編

「読み間違い」の原因を1つしか思いつかないなら、音読の苦手な子の指導はできない

NG指導
▶本人の努力不足と考える
▶読み間違えた時に叱る・注意する

活用アプリ
T式音読指導アプリ for web
など

1. 教師の無知が無意味な指導を生む

音読の時に文字を読み飛ばしてしまう。行を読み飛ばす。一音ずつたどたどしく読む。何度もつまりながら読む。そんな音読が苦手な子に対して「ちゃんと見て読みなさい」「頑張ったら読めるでしょ」と注意する教師は無知だ。音読が苦手なのには当然理由がある。原因を探らずに、無意味な指導でいたずらに子どもを傷つけていては教師失格である。

2. 苦手なのは「入力」か「出力」か

音読でつまずいてしまう理由はいくつか考えられる。1つは、

> 視覚機能の弱さ

である。視覚情報の入力や脳での情報処理に課題があり、文字や行を飛ばして読んでしまうのだ。視覚機能の弱さは発達障がいと関連していることも多い[1]。また他の理由として、

> ディスレクシア（特異的読字障害）

である可能性も考えられる。ディスレクシアは「知的発達、社会性、聴覚や視覚などの感覚器官系の問題、音声言語の発達の遅れ、心理的あるいは社会的要因がないにもかかわらず、読むことに特異的な障害を示す症状」である。文字という視覚情報から、その文字が表す音や意味への変換がうまく行われず、読むという行為を難しくしているのだ[2]。他にも、

> 吃音障害

の症状を抱えている場合も考えられる。吃音の子に対し、読み方について注意や叱責をすれば、症状がさらに悪化してしまう可能性もある。このように音読のつまずきには、「入力」の際のつまずきと「出力」の際のつまずきなど、様々な可能性を考えなくてはならない。

3．ここまでやっておこう!!　ICT活用の下準備

STEP❶ 「T式音読指導アプリ for web」の新規登録を行う、など。

4．自分の家庭学習について「メタ認知」させる

「リーディングルーラー」「リーディングルーペ」

　見える範囲を1行～数行だけに絞り込む定規。真ん中の不透明なガイドバーを行に当てながら読むことで飛ばし読みを防ぐことができる。視覚機能の弱い子に最適である。

「読むトレGO!」

　ディスレクシアの読みの学びのために開発されたNintendo Switch対応のゲームアプリ。ゲーム感覚で楽しみながら読みのトレーニングができる。医学博士の平岩幹男氏が監修。

「T式音読指導アプリ for web」

　ディスレクシアの読みの困難を改善するため、医学博士の小枝達也氏らが開発したT式ひらがな音読指導を、コンピュータで効率良く指導を行うためのアプリ。画面に出てくる文字を制限時間内にすばやく音読するトレーニングだ。メールアドレスとパスワードの設定だけで簡単に登録ができる。

▲「T式音読指導アプリ」の練習画面

「ことたぶ」（ことばの教室タブレット用Web教材）

　岩手県立総合教育センターが提供する「ことたぶ」は、タブレット（iPad、Android、Windows）用の言語指導教材である。吃音の理解や発音の練習などの指導に活用することができる。Webページ教材なので、アプリのインストールは不要。サイトからすぐに利用できる。

▲「T式音読支援アプリ」の練習画面

十分な練習をさせていないのに、いきなり音読テストをする

▶音読テストで全員が大きな声で読むことを強要する

活用アプリ
Flip

１．変わる学校、変わらない教師

　感染症予防などの理由で、子どもがオンラインで授業に参加する機会が増えた。学校の授業の形態は大きく変わりつつある。しかし授業の「形態」が変わっても、授業の「方法」を変えられずにいる教師は多い。例えば、音読の指導だ。従来の一斉型の音読指導で、オンライン参加の子を巻き込めるだろうか。音読が苦手な子でも安心して取り組めているだろうか。そもそも画面の向こうで、子どもはちゃんと声を出しているのだろうか。それらを確認せずに授業を進めていては、指導は不十分だと言わざるを得ない。不十分な音読指導のまま、子どもに音読テストを課すのは問題外のNG指導である。

２．音読が子どもの読解能力の成長を促進させる

　そもそも、なぜ音読をさせるのか。それは、

> 音読は、児童の読解能力における成長を促進する有効な学習方法

だからである。音読の流暢さと読解能力の間には高い相関があることは、多くの研究が示している通りである（Wang, Algozzine, Ma, & Porfeli, 2011 など）[1]。
　また、音読することの有用性は大きく分けて3つあると言われている[2]。

> （1）書き言葉の理解能力を児童に習得させる際、（中略）音声情報をともなう音読による指導から始めることが、児童の言語理解に親和的かつ効果的である。
> （2）発音という能動的な活動が含まれることで、文字情報の短期記憶を促進できる。
> （3）音読をすると黙読よりも内容理解が容易になる。

　音読指導をないがしろにしてしまっては、子どもの学力を十分に伸ばすことはできない。たかが音読されど音読、である。教室での一斉指導であろうと、オンライン授業であろうと、効果のある音読指導を目指したい。

3．ここまでやっておこう!!　ICT活用の下準備

STEP❶ タブレット端末で録音・録画する方法を教える。

STEP❷ 録音・録画したファイルの保存先を確認し、データの開き方を教える。

4．録音機能を使って音読を上達させる指導

　ある実践研究によると、音読を「録音」させることによって、以下のような効果があったと報告されている[3]。

- ●適度な緊張感をもたらし、できるだけ間違えないように、慎重に音読する態度を促進することができた。
- ●自分の読みを客観的に評価することができるようになる。
- ●間違いに自分で気づくことができ、素直に訂正して読み直すことができるようになった。
- ●同時に正しく読めているところも確認できるため、音読が上達していることを実感。

　自分の音読を録音して聞くという音声のフィードバックを活用することで、音読技能の向上と読むことに対する意欲や向上心を高めることに繋がっている。ICTを活用することで、自分の意志で何度も挑戦しようとする姿勢も生まれやすい。

　オンラインで参加している子には、音読を録音または録画したものを、ロイロノートやGoogle Classroomで提出させるとよい。提出させたものを共有できるように設定しておけば、お互いの音読を聞き合ったり、相手にコメントを送ったりすることも可能だ。

「Flip」

　学級で子どもの音読をシェアさせたいならば、「Flip」というアプリもおすすめである。GoogleかMicrosoftのアカウントを持っていれば、簡単に無料で登録ができる。アカウント登録をしたら、グループを作成して児童を追加すれば、児童が自由に動画をアップできるようになる。グループに参加している児童しか動画は見ることができないので、安全なアプリと言える。

▲「Flip」の画面

辞書で調べた言葉の意味をノートに書き写す必要はない

NG指導
▶ 全員に全ての語句を調べさせる
▶ 語句の意味を全てノートに書き写させる

活用アプリ
Padlet

1．とにかく手順が多い「意味調べ」

　国語で新しい物語文や説明文に入る時、意味を知らない言葉の「意味調べ」をすることが多い。

　本文の中から意味を知らない言葉を洗い出させ、それをノートに書かせる。国語辞典で言葉の意味を調べ、ノートに書き写させる。発達障害の子にとって極めて大変な作業である。早く終わらせようと字が雑になり、肝心の言葉の意味も頭に入らないようでは本末転倒である。

2．過大な負荷が学習を阻害する

　ASD（自閉症スペクトラム）、ADHD（注意欠如多動症）、LD（限局性学習症）などの発達障害に共通しているのが、

> ワーキングメモリの弱さ

である。ワーキングメモリとは情報を一時的に記憶し、処理する能力のことだ。

　調べたい言葉を一時的に脳内に保持しつつ、国語辞典の大量の文字群から目当ての言葉を探し出す。これだけでもかなりの重労働だ。さらに言葉の意味をノートに書き写す作業も、ワーキングメモリに過大な負荷がかかる。情報を脳内に保持しておけず、書いている途中で忘れてしまい、何度も辞典を見直すことになり、膨大な時間がかかってしまう。書き写すことに必死で、言葉の意味を覚えるどころではない。ワーキングメモリへの過大な負荷が、学習を阻害するのだ。子どものワーキングメモリ能力に合わせて、この負荷を軽減することが支援のポイントとなる。

3．ここまでやっておこう!!　ICT活用の下準備

解説動画

STEP ❶ 「Padlet」にログインする。

STEP ❷ 「Padletを作成」を押し、テンプレートの中から「シェルフ」を選択する。

STEP ❸ 「セクションを追加」の部分に、調べさせたい言葉を入力する。

STEP ❹ 「設定」→「リアクション」から「いいね」ボタンが押せるように設定する。

STEP ❺ ページURLをコピーし、Google Classroomなどで子どもに配付する。

4．全員で「共同編集」すれば劇的に負荷が減る

　そもそも、調べた言葉の意味をすべてノートに書き写す必要はあるだろうか。言葉の意味を知ることが目的ならば、すべてを書き写すことにこだわる必要はないはずである。

　言葉の意味を記録として残しておくことには意味があるだろう。後で見返せるからだ。ならば、

学級全員で手分けして意味調べをすればよい

のだ。そこで、「Padlet」というサイトを使用して「共同編集」させるのがよい。

　Padletのテンプレートに、調べさせたい言葉を教師が書き並べておく。そして子ども達に自分が調べたいと思う言葉を選ばせ、辞典で調べさせる。意味を調べたら、その言葉の下に、意味を書き込んで投稿させる。この方法だと、あっという間に全ての言葉の意味調べが完了する。特別支援が必要な子の負担を大幅に減らすことができる。辞典から探すのが難しければ、他の子が投稿したものを真似て書けばいいのだ。そうすれば、

▲調べた言葉の下に、意味を書き足していく

辞典とノートの間を何往復もする必要さえなくなる。それでいて、きちんと言葉の意味も押さえることができる。自分が調べなかった言葉については、他の子が書いたものを読めば意味を知ることができる。結果的には辞典で調べたのと同じになるわけだ。

「Padlet」

　さらに、楽しい機能として「いいねボタン」がある。子ども達には「意味を読んだら、いいねを押してあげなさい」と伝える。いいねをするのもされるのも、嬉しいものである。こんなちょっとした機能も子ども達にとっては大きな魅力の1つだ。

「あかねこ漢字スキル×ICT」で成功体験を積ませる!

NG指導 ▶「きれいに書きなさい」としつこく言い続ける

活用アプリ
あかねこ漢字スキル デジタルサポーター

1．「きれいに書きなさい」で、子どものやる気は減退する

　文字が雑に見える子がいる。マスに文字が入らなかったり、字形を整えることが難しかったりする。彼らの文字を見て、「もう少しきれいに書きなさい」としつこく言い続ける教師がいる。時には、「はねやはらいができていない」と、やり直しを命じる教師もいる。注意を繰り返されているうちに、子どものやる気は次第に減退していく。

2．なぜ、「きれいに書きなさい」という指導に効果がないのか

　文字が雑な子の中には、書字障害(ディスグラフィア)を抱えている子がいる可能性がある。
　医学博士の平岩幹男氏は、次の問題がある場合、書字障害の可能性が高いと述べている[1]。

・筆順がばらばら

・字の大きさが整わない

・誤字・脱字が多い

・偏と旁が逆になる(暗は日と音ではなく音の日になる)

・横線の数を間違える(目の中の横線は2本ですが、これが1本、3本になる)

・「とめ」「はね」「はらい」ができない

・漢字の書き間違いが多い

・筆記具の持ち方が悪い、姿勢が悪い

　平岩氏は、書字障害以外にも発達性協調運動障害を合併している可能性もあることを指摘している。

　文字が雑な子を目の前にした時、教師はまず「この子が書字障害を抱えていないかどうか」をアセスメントする必要がある。前述の平岩氏が示した8つの項目を確認し、いくつかの項目に当てはまる場合は、書字障害を疑う必要がある。

　ただやみくもに、「きれいに書きなさい」と指導することで、子どもの自己肯定感を下げ、やる気を失わせる可能性があることを、教師は肝に銘じておかなければいけない。

3．ここまでやっておこう!!　ICT活用の下準備

STEP❶ 「あかねこ漢字スキルデジタルサポーター」の漢字を表示する。

STEP❷ URLを「Google classroom」で配信する。

あかねこ漢字スキルデジタルサポーター

4．タブレットの画面に指で「なぞり書き」することで、成功体験を積ませる

　ここでは、書字の中でも学校で最も多く時間が割かれる「漢字指導」を取り上げる。

　書字障害の子への指導として、平岩氏は次のように述べている[2]。

> ただ漢字をくり返して書いても上手になりにくいので、最初は「なぞり書き」からはじめます。

　「なぞり書き」は、どの漢字教材にもある。しかし、その多くは最初から鉛筆を持ってなぞらせるようになっている。

　書字障害の子の場合、鉛筆を持って書くことに苦手意識をもっている場合がある。最初から鉛筆で書かせることで、失敗体験を積み重ねてしまう可能性が高い。

　「あかねこ漢字スキル」は、最初に「指書き」をさせる。鉛筆を持たずに覚えるまで指で書かせるので、鉛筆のように跡が残らず、失敗することがない。

　また、あかねこ漢字スキルを採択すると「あかねこ漢字スキルデジタルサポーター」を使うことができる。

　あかねこ漢字スキルデジタルサポーターには、漢字の筆順に合わせて、自動で文字をなぞる機能がある（右図）。

　この画面を子どものタブレットに表示させ、タブレットの上で繰り返し指書きさせる。なぞるスピードを変化させることができるので、自分でなぞるスピードを調整することも可能である。

　デジタルサポーターで2～3回指書きをしたあと、机の上で指書きをさせることで、筆順や字形を正しくインプットすることができる。

　がんばって指書きをしている場面を取り上げ褒めることで、子どものやる気は倍増する。

執拗な「筆順指導」は百害あって一利なし

NG指導
▶筆順どおりに書かないとやり直させる
▶形式的な反復練習ばかりさせる

活用アプリ
常用漢字筆順辞典 など

1．執拗な「筆順指導」は必要か

　漢字には筆順がある。当然、授業でも指導する。教師の中には強いこだわりをもって、漢字の筆順を指導する者もいる。「筆順通りに書かないとダメだ」「筆順は絶対に覚えないといけない」と子ども達を詰める。その情熱には感心するが、執拗なまでの筆順指導は、果たして本当に子ども達のためになっているのだろうか。執拗な指導によって「漢字を覚えるのが嫌だ」「漢字の勉強は楽しくない」と思わせてしまっては本末転倒である。

2．熱心な指導が必ずしも良い結果を生むわけではない

　2006年に国立教育政策研究所は「特定の課題に関する調査」の調査結果を公表した。調査項目の中に、児童生徒の漢字の「読み」「書き」に関する実態と教師の指導意識との相関を分析したものがある。通常、多くの教師が「熱心に指導すれば効果が上がる」と考えている。漢字指導においても、何度も反復練習をさせたり小テストをくり返したりすれば、高い効果が現れることを期待するのは当然のことと言えるだろう。

　しかし実際には、教師の指導意識と平均通過率において明確な相関は見られなかった。漢字の筆順に関する質問では、「筆順の指導をしている」と答えた教師の割合62.2%に対して、「筆順に注意して漢字を書いている」と答えた児童は47.2%にとどまっている。つまり、

> 教師の指導意識が必ずしも成果に結びついていない

という実態が浮き彫りになったのである。また同調査では指導上の改善方法として、

> ●形式的な反復練習を避ける
>
> ●正しい字形や筆順の指導ばかりに偏らない
>
> ●児童が興味を持てるような教材を開発する

などの必要性を述べている[1][2]。

3．ここまでやっておこう!!　ICT活用の下準備

STEP① 「常用漢字筆順辞典」「漢字練習」などのアプリをインストールする。

4．漢字練習とタブレット端末は相性が良い

　広島大学教授の松本仁志氏によると、漢字の筆順には次の4つの機能的根拠があるという[3]。

---

①「書きやすさ」…文字を書く際の時間的な効率性、右手書字のスムーズな運動
②「整えやすさ」…筆順のたどり方の違いが字形の均衡に微妙な影響を与える
③「読みやすさ」…誤字を生み出すことを防ぎ、字形が判読しやすくなる
④「覚えやすさ」…上から下へ、左から右へなどの原則によって記憶がしやすい

　筆順指導の重要性を理解し、子どもが興味を持てるような指導法の工夫が必要である。そのためにICTを活用することは大いに役立つだろう。漢字練習のためのアプリをいくつか紹介する。

「常用漢字筆順辞典」

　筆順アニメーション機能で、筆順を視覚的に学べる。筆順をアニメーションで確認し、画面上に指で書いて練習することができる。この時、間違った筆順で書くと先に進めないようになっているため、自然と正しい筆順で書けるようになる。

「漢字練習」

　各学年の配当漢字から漢字を選んで練習できる。アニメーションに従って一画ずつ指で書いていく。一画書くたびに「ピンポン♪」と音が鳴るのが嬉しい。筆順が違ったり雑に書いたりするとブザーが鳴り、やり直しとなる。

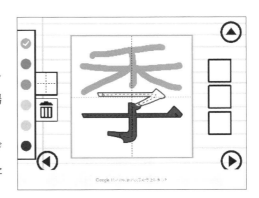

　この他にも、前述した「あかねこ漢字スキルデジタルサポーター」のサイトもおすすめである。漢字練習とタブレット端末は、実は相性が良いのだ。

「ここに書きなさい」だけの指導では効果がない

NG指導
▶このマスに書きなさいと指示するだけ
▶間違いを指摘するだけ

活用アプリ
Jamboard
Wordwall　など

1．「言えば分かる」「直せば分かる」という幻想

　小さな「っ」や、小さな「ゃ」をどこに書くのか。よく「2の部屋に書くんだよ」と指導する場面を見かける。しかし、何度か一斉に指導するだけで、その後は間違って書いている子に「違ってるよ」「ここじゃないでしょ」と指摘したり、赤ペンで直したりするだけのことが多い。なかなか定着せず、間違える子はいつまでも間違え続ける。「あれだけ言ったのに」「何で書けないの」と教師は嘆く。そこには「言えば分かる」「直せば分かる」といった幻想がある。

2．書字障害（ディスグラフィア）

　何度書いても文字がマスに収まらない児童は、書字障害（ディスグラフィア）の症状がある可能性が疑われる。書字障害では、

> 「読み」には問題ないが、「書き」のみに困難が生じる場合、視覚情報処理に関連している可能性がある

と言われている。視覚情報処理に困難さがあることで、

> マスの空間が捉えられない

ということが起こる[1]。空間認知の力が弱いために、たとえ何度間違いを指摘されても、何度赤で直されても、なかなか正しい位置に書けるようにならないのだ。正しく書けるようになるためには、空間認知力を高め、「目」と「手」の協応動作を向上させる必要がある[2]。

3．ここまでやっておこう!!　ICT活用の下準備

Jamboard
教材

Wordwall
解説動画

STEP❶　「Google Classroom」でクラスを作成する。

STEP❷　作成したクラスに対象の児童生徒を参加させる。

STEP❸　「Jamboard」で作成したワークシートを配布する。

４．タブレットを指で操作しながら「マス」に合わせる感覚をつかむ

　PowerPointで作成した画像をJamboradの背景として設定することで、タブレット端末上で使えるワークシートが出来上がる。以下に示すJamboardでは、小さな「っ」や小さな「ゃ」をどこに置くかを指で操作しながら学習することができる。小さな「ゃ」だけでなく大きな「や」も用意しておくことで、子どもが文字の大きさを考えながら選んで、使うことができる。

　指導の際に、子ども達には次のように指示を出す。

> 当てはまる文字を、２の部屋に「ピタッ」と言いながら置きなさい。

　そうさせることで、手の感覚、空間にはまる（目の）感覚、音の感覚を同時に得ることができる。多感覚を使って学習することで効果が高まるのだ。

▲Jamboardで促音・拗音の書き方を学習する

　タブレット端末を活用することで、子ども達は感覚的に促音・拗音の書き方を習得していく。１年生には「できた」という経験を積み重ね、学習に自信を持たせることも重要なポイントとなる。できるからこそ、学習が楽しくなるのだ。間違いを何度も指摘したり、ノートやプリントで何度も書き直させたりする指導では、できるようにならない。

　また、促音・拗音の学習の後に、Google Formsのテスト機能で「クイズ」に答えさせる方法も有効である。Google FormsはJamboardと同様に、PowerPointで作成した画像を貼り付けることができる。促音や拗音を書いた画像を見せて、書いた場所が正しいかどうか、「○」か「×」を選ばせるとよい。

▲Jamboardで促音・拗音の書き方を学習する

　クイズを作るなら「Wordwall」というサイトも優れものだ。問題と答えを入力すれば、様々なゲーム形式のクイズを簡単に作成することができる。クイズショーのような形式、迷路の形式、シューティングゲームの形式などのテンプレートが用意されており、その中から気に入ったものを選択するだけでよい。クイズに答えるとスコアも記録されるので、飽きずに楽しく学習することができる。わざわざ宿題に出さなくても子どもが進んで取り組むので、無理なく学習を定着させることができる。

計算ドリルを反復させる学習は算数嫌いを量産する

▶解き方が分かっていない子に
機械的にドリル学習を反復させる

1．くり返されるドリル学習で本当に力がつくのか

　子どもに計算力をつけるため、ドリル教材をくり返し解かせる教師がいる。教育界ではよくある光景であり、中には同じドリルを2周も3周も解かせる学級や学校もあるそうだ。しかし、これは弊害が大きい。ドリル学習をくり返しても苦手な子は苦手なままで、算数嫌いになっていく。得意な子は、分かりきった問題を何度も解かされることでやる気を失っていく。そもそも、これらドリル学習は宿題として課せられることが多い。適当に解いて提出した子を待つものは「大量のお直し」。かくして機械的にくり返されるドリル学習は、多くの算数嫌いを生み出す。

2．算数障害（ディスカリキュリア）

　ドリル学習の反復ですべての子どもに計算力をつけられると考えるのは無理がある。学級には様々な特性を持つ子がいるからだ。
　特に学習障害（LD）の児童にとってドリル学習の反復は弊害が大きい。LDの中には

> 算数障害（ディスカリキュリア）

と言われる障害がある。筑波大学教授である熊谷恵子氏は、算数障害の困難さの原因について、

> 認知能力のアンバランス

があることを挙げている[1]。
　数詞を覚えるには「聴覚認知能力」や「聴覚的短期記憶」が必要であり、数字を覚えるには「視覚認知能力」や「視覚的短期記憶」、序数性の獲得には「継次処理能力」、基数性の獲得には「同時処理能力」など、あらゆる認知能力が必要とされる。それらのアンバランスさが、算数障害の困難さに通じているという。こうした特性を無視して機械的にドリル学習の宿題を出しても、何の解決にもならないのである。教える側が柔軟な考えをもって工夫していくことが求められる。

3．ここまでやっておこう!!　ICT活用の下準備

STEP❶ 計算問題等の解き方を解説した動画を撮影する。

STEP❷ 動画や計算サイトのURLをGoogle Classroomで配付する。

4．いつでも便利なサイトを使えるようにしておく。

　解き方が分かっていない子に、家でドリル学習をさせても意味がない。解き方が分かるように、

教師による解説付き動画

をGoogle Classroomなどで配付しておけばよい。「解き方」が分かるからこそ、ドリル学習も効果を発揮する。動画なら一時停止することも、くり返し視聴することも可能だ。さらに、次の日の学習内容を動画で配付しておけば予習することもでき（反転学習）、苦手な子もより安心して授業に取り組むことができる。動画は簡易なものでよい。１年間続ければ、教師にとっても大きな財産となる。

　ところで先述した熊谷氏は、算数が苦手な子について、次のようにも述べている。

電卓やICT（情報通信技術）に頼ってもいい。

　自力で解かせることにこだわりすぎて、算数嫌いを生み出していては元も子もない。電卓アプリや計算サイトなど便利なツールがあることを知り、それらを活用できることは、将来の自立のためにも大事なことだ。いくつかのサイトを紹介する。

▲Googleで検索した電卓は括弧が使えて便利

　Googleで「電卓」と検索すれば、ブラウザ上で電卓を使用することができる。括弧を使った計算もできて便利だ。平均の計算などにとても役立つ。

　「計算サイト」では面積や体積の計算、時間の計算などができる。「ke!san」は学習や生活、仕事などにも役立つ計算式を集めたサイトで、大人になってからでも役立ちそうだ。こうしたサイトのURLを配付しておき、必要に応じて活用

▲「ke!san」の画面

してもよいことにしておけば、苦手な子も安心して取り組めるようになる。

図形をはさみで切り取って敷き詰める活動はストレスが満載

▶全員に図形をはさみで切り取らせる
▶「きれいに敷き詰めなさい」と指示する

活用アプリ

Jamboard

1．不器用な子にとって「地獄」の活動

　算数で「図形の敷き詰め」をすることがある。教科書巻末に付いている図形をはさみで切り取り、机の上で敷き詰める。不器用な子にとって、この「切り取り」と「敷き詰め」が大きな負担となる。図形は小さく、紙は薄い。まっすぐ切れなかったり、手でちぎろうとしてガタガタになったりする。そのうち図形を落とすか失くすかする。必死に図形を敷き詰めてみても、先生には「もっときれいに！」と注意される。最早、何のための活動なのか分からなくなってくる。

2．「きれいに敷き詰めなさい」という指導は無意味

　不器用さが顕著な場合、発達性協調運動障害（DCD：developmental coordination disorder）が疑われる。DCDには、「脳性麻痺、筋ジストロフィーなど、運動に影響を与える明らかな神経・筋疾患を伴わないにもかかわらず、協調運動技能の獲得や遂行の困難が認められ、それが日常の生活における活動の困難さを生じさせたり、学習活動において遅れを生じさせたりする」という特徴がある。ある研究では、

> 協調運動が、精神的健康やQOL（Quality Of Life）と関連している

ことが明らかにされている。特に「微細運動・書字」の技能が、「情緒的健康」「自尊感情」「向社会性」「多動・不注意」など、子どもの社会生活の様々な面に関連し影響を及ぼすことが分かっている[1]。協調運動に困難のある子に「きれいにやりなさい」と叱責しても何の足しにもならない。それどころか、その子の人生に暗い影を落とすことにつながりかねない。叱責よりも、その子の不器用さをカバーするような教材の工夫をすることこそが教師の務めであろう。

3．ここまでやっておこう!!　ICT活用の下準備

テンプレート①　テンプレート②

STEP❶　「Jamboard」のフレームに図形を描く。

STEP❷　フレームを子どもの人数分コピーする。

STEP❸ 「Jamboard」のURLをコピーし、Google Classroomなどで子どもに配付する。

４．Jamboardを活用し、失敗体験のない活動にする

　その子の不器用さをカバーするため、教師が代わりに図形を切り取ってあげるのもよいだろう。しかし、この方法だと支援が必要な子が複数いた場合に対応が難しくなってしまう。教師が代わりに切ることを嫌がる子もいるだろう。

　そこで、Google Jamboardを活用して図形の敷き詰めをさせる。

　Jamboardを活用するメリットは様々ある。

メリット①　「はさみできれいに切り取れない」という失敗体験がなくなる

　Jamboard上にある図形をコピーして増やしていくだけでよいので、図形をはさみで切り取る必要がない。極めて簡単で、しかも形が美しい。

メリット②　敷き詰めの活動に集中できる

　紙と違って風で飛んだりもしないし、失くす心配もない。図形を回転させて向きを変えるのも容易にできる。紙の活動だと様々なストレスに気を取られてしまうが、Jamboardなら子どもの負担を大幅に減らすことができ、敷き詰めの活動に集中させることができる。

メリット③　図形を拡大することができる

　もし画面上の図形が小さいと感じたなら、図形自体を拡大することもできる。その子に合った大きさに変えて活動させればよい。

　このようなICTを活用した支援と並行して、協調運動技能を向上させるトレーニングに取り組ませることも大切な支援である。しかし、効果が現れるには一定の期間が必要になるだろう。その間、教師はその子にできるだけ「失敗体験」

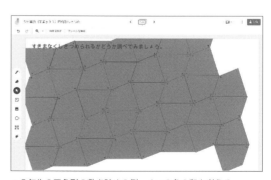

▲５年生の四角形の敷き詰めの例。４つの角の和を考える。

「傷つき体験」を積ませないよう、教材の与え方など指導法の工夫をしていくことが大切である。Googleが提供する様々なアプリは、その可能性を広げてくれる。

細かい作業が苦手な子に「グラフをきれいに書きなさい！」

NG指導
▶ 教科書へ直接書き込みをさせる
▶ きれいに書けるまでやり直させる

活用アプリ
Googleスプレッドシート

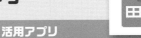

１．鉛筆では書き込みにくい教科書

　4年生の算数では、表の数値をもとに「折れ線グラフ」を書く単元がある。教科書に鉛筆で書き込もうとすると、上手く書けない。教科書はつるつるした紙質でノートに書くのとは勝手が違う。ページの厚みがあるため、下じきを敷いても平らになりにくい。消しゴムを使うと跡が残り汚くなる。要するに教科書は「書き込みにくい」のだ。にもかかわらず、仕上がりのきれいさを重視するあまり、何度も子どもに書き直しを命じる教師がいる。書き直すたびに教科書は汚れ、子どもの意欲は削がれていく。そのことに気づけない教師の罪は重い。

２．細かい作業はエラーが起こりやすい

　ただでさえ書き込みにくい教科書。「発達性協調運動障害（DCD）」を抱える児童にとっては、かなり困難な作業となる。発達性協調運動障害とは、

> 微細運動・粗大運動・バランスといった協調運動技能の獲得や遂行に著しい低下がみられる神経発達障害の一類型

のことである。ASD、ADHD、ディスレクシアなどの学習障害（LD）とも頻繁に併存することで知られている[1]。

　DCDの子が鉛筆で字を書く、はさみで紙を切るなどの微細運動をする際の困難性は、よく

> 軍手を二重にはめて細かい作業をしているようなイメージ

と表現される。教科書に折れ線グラフを書き込むだけでも大変な作業であるのに、さらにきれいさ、正確さを徹底して求められると、DCDの子はお手上げ状態になってしまう。

　また折れ線グラフでは「縦軸」と「横軸」が交わるところに点を書く。視覚認知機能の弱さがある場合、縦軸と横軸の線の交わりを認識しにくい。これに不器用さが相まって、グラフを正確に書くことを難しくさせているのだ。

3．ここまでやっておこう!!　ICT活用の下準備

STEP❶ 「Googleスプレッドシート」を開く。

STEP❷ 「Googleスプレッドシート」に教科書の表の数値を入力する。

4．Jamboardを活用し、失敗体験のない活動にする

　グラフの作成は「Googleスプレッドシート」を使えば簡単だ。しかも美しい。折れ線グラフに限らず、棒グラフや円グラフなどもワンクリックで作成することができる。グラフ作成の手順を以下に示す。

	1年間の気温の変わり方 ☆ ▢ △											
ファイル　編集　表示　挿入　表示形式　データ　ツール　拡張機能　ヘルプ　　最終編集：数秒前												

	A	B	C	D	E	F	G	H	I	J	K	L	M	N
1														
2	月	1	2	3	4	5	6	7	8	9	10	11	12	
3	温度	27	27	26	25	23	22	21	22	22	23	25	25	
4														

①上の図のように、教科書の表を参考に項目と数値を入力する。数値は「半角」で入力する。全角だとグラフが作成できないので注意が必要だ。

②Googleスプレッドシート画面右下にある「データ検索」をクリックする（「Alt＋Shift＋X」から開くこともできる）。

③右図のような「データ検索」と記載された画面が現れる。AIが表の数値を分析し、ふさわしいグラフの候補をいくつか表示してくれるのだ。

④グラフ化させたいものを「ドラッグ＆ドロップ」する。

⑤グラフを選択して右クリックすれば、グラフの修整も可能。

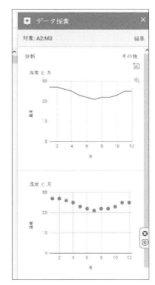

▲AIがグラフの候補を選出

　スプレッドシートによるグラフ作成は、3年生の棒グラフ、5年生の円グラフの学習にも活用できる。もちろん、グラフの書き方を身につけることは大事な学習だ。同時に、ICTを使ってグラフが作成できることを知るのも大事な学習だ。何よりも「自分でできた」「きれいなグラフができた」という成功体験を大切にしてあげたい。

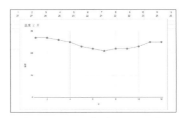

▲グラフを選択すれば完成。修整も可能

文章問題は「問題場面」をイメージできれば解けるようになる！

NG 指導 ▶文章題が苦手な子に、「ケーキは何個あるの？」「これ、何算？」と、あれもこれも全部聞いてしまう

1．文章題の情報を逐一聞く教師

　文章題の苦手な子ども達がいる。彼らのために、多くの教師は文章問題に出てくる条件を逐一問うてしまう。「ケーキは全部で何個あるの？」と数値を具体的に聞いたり、「これ、何算を使うの？」と演算の種類を聞いたりする。ここまで聞くと、ほとんどの子ができてしまう。ぱっと見はできているが、練習問題を自力でやらせてみると、立式ができない子が続出する。

2．文章問題ができないのは「問題場面をイメージできない」ことに原因がある

　文章問題が苦手な子は、「問題場面をイメージできていない」ことが多い。
　ASD（自閉症スペクトラム症）児には、次のような特性がある[1]。

> 目に見えない物（イメージ）の共有は苦手なことが多い一方で、そこに具体的な実物、写真、絵、文字などの情報が見える形であると、イメージを他者と共有しやすくなるのが特徴です。

　低学年の算数では、具体的なイラストが教科書に掲載されていることが多く、イメージしやすい。しかし、3年生からは抽象概念を扱うことが多くなり、具体的なイラストが少なくなる。
　ASD児は、「目に見えない物をイメージすることが苦手」であることから、抽象的な概念をイメージできないのである。
　「ケーキは全部で何個あるの？」「これ、何算？」と聞くと、イメージできている子が「23個！」「わり算！」と答えてしまう。こうなると、文章問題を解いているのではなく、計算問題を解いているのと同じである。これでは、文章問題ができるようになったとは言えない。
　文章問題を解くことができるようにするためには、「文章問題をイメージさせる発問指示」と「問題の視覚化」がポイントとなる。

3．ここまでやっておこう!!　ICT活用の下準備

Jamboardテンプレート

STEP ❶ ▶「Jamboard」で、問題を視覚化したファイルを作成する。

STEP ❷ 作成したファイルを「Google Classroom」で予約配信する。

４．子どもが問題場面をイメージできる指導・支援を行う

　3年「あまりのあるわり算」の単元の最後に、「あまりのあるわり算を使って」という教材がある。あまりの扱いをどうするかを考える文章問題である。

　教科書に挿絵はあるが、個数が足りないなど一部が欠損しているものが多い。イメージする力が弱いASD児は、ここでつまずいてしまう。

　文章問題を解くためのポイントは、「問題場面をイメージさせる」ことである。

　例えば、「ケーキが23個あります。1箱に4個のケーキを入れていきます。全部のケーキを入れるには、箱は何箱あればよいでしょうか。」という問題がある。

　問題を読んだあと、次のように問う。

　これは、何のお話ですか。

「ケーキを分けるお話」と答えられる子は、頭の中に問題場面がイメージできている。

　さらに、「それで、どうしたの？」と問うていくことで、子ども達は自然と脳の中に問題場面をイメージしていく。

　しかし、ASD児は言葉だけでイメージすることが難しい。

　右のようなJamboardファイルを作成する。

　ケーキは、23個の1つ1つが動くように作成されている。箱は、重ねて置

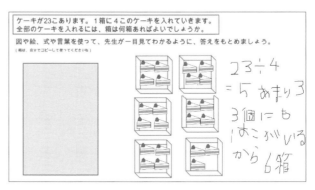

いてあるので、必要な分だけ取り出すことができる。

　このファイルを、Google Classroomに発信し、「先生が一目見て分かるように、問題を解いてごらんなさい」と指示する。

　Jamboardファイルの出席番号のスライドに入らせ、実際にケーキを動かしてみる。

　具体的にケーキを操作することができるので、簡単に立式することができ、「あまりの3個を入れる箱が1つ必要」であることが、見た目に分かる。

　視覚支援と具体的操作で、ASD児も文章問題を解くことができるようになる。

すぐ諦める子が
何度もチャレンジするようになる秘策

NG指導
▶ 1つの難問を全員で一斉に解かせる
▶ やる気をなくした子を注意する、叱る

活用アプリ

Jamboard

1．知的な授業が台無しに…

　単元の学習が終わった後や授業の隙間時間などに、「難問」にチャレンジさせることは楽しい。「Wに直線を3本入れて三角形を9つ作りなさい」「1年のちょうど真ん中は何月何日ですか」など、教科書にはない知的な問題に子ども達は興味を示す。しかし、そうでない子もいる。算数が苦手な子たちだ。最初は興味をもってチャレンジするが、なかなか正解にたどり着かない。次第にやる気を失い、おしゃべりを始める。「静かにしろ！」「もっとよく考えて！」と教師が喝を入れるも、すでにやる気はない。仕方がないから教師が解き方を説明するが、もはや聞く気もない。これでは「知的な授業」どころか、ただ単に「失敗体験を生む授業」となってしまう。

2．与えるだけでは学習意欲は高まらない

　設問の難易度が学習意欲にどのような効果を与えるのかを調べた研究がある。研究によると、

> 設問の難易度は、「挑戦のしがい」に対しては効果があるものの、「面白さ」「やる気」に対してその効果は大きくないことが確認された

と結論付けている。難易度の高い課題は「挑戦のしがい」を感じさせるが、それだけでは学習者が「面白さ」を感じ「やる気」を持続することができるとは限らないのだ。つまり単に難問に取り組ませるだけでは、苦手な子たちは早々に脱落していってしまうのだ。また、

> 単に設問に解答させるだけでなく「ヒント」のような考えさせるための情報を与えることが、学習意欲全体を高める

とも述べられている[(1)]。
　「いくら考えても、到底できない」という状態ではダメだ。「ちょっと頑張ればできそうだ」と思わせることが肝要である。ヒントとなる情報を与える、または別の方法を用いて、考えるための足掛かりを用意してあげることが、子どもの学習意欲を高めるためには大切である。

３．ここまでやっておこう!!　ICT活用の下準備

教材テンプレート

STEP❶ 難問を書籍などからスキャナーで画像保存する。

STEP❷ Jambordの「背景を設定」をクリックし、難問の画像を追加する。

STEP❸ Google ClassroomにJamboardのコピーリンク先を投稿する。

４．たくさんの難問から「自分で選んで」取り組む

　１つの難問を全員で一斉に解こうとするから熱中度が下がる。問題を「自分で選べる」ようにすればよいのだ。自分が「これならできそうだ」と選んだ問題なら頑張れるはずだ。これをICTを使って準備する。

　まず、Jamboardに難問を１問作成する。書籍からスキャンしたものをJamboardに貼り付けるだけでよい。同じようにして別の難問もたくさん用意しておき、それぞれのコピーリンク先をGoogle Classroomに投稿しておく。難問に取り組ませる時には、次のように指示を出す。

> 「Google Classroom から解きたい問題を１つ選んで解きなさい」
> 「問題は途中で変えてもいいですよ」

　どの問題を選んでもよい。途中で変えてもよい。これなら子どもは熱中する。教師は子どもが持ってきた答えに対し「正解」「不正解」を伝えるだけでよい。正解を目指す子は、さらにチャレンジするし、きっぱり諦めて他の問題に変更する子がいてもよい。

　また、問題によっては友達と相談してもよいことにする。これにより「お手上げ状態」を防ぐ。あくまでも「できそうだ」と思わせることが大事だ。

　なお、教師がオリジナルの難問を作るのは負担が大きすぎる。おすすめの書籍がある。『教室熱中！めっちゃ楽しい算数難問１問選択システム』(学芸みらい社)だ。学年レベル別で難問が多数掲載されている。

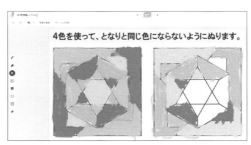

▲Jamboardで作成した難問の例

本当に「写真」だけで
その場所をイメージできるか

NG指導
▶教科書の写真を眺めるだけ
▶実物に触れたり、操作させたりしない

活用アプリ
Google Earth　など

1．写真を見せただけで教えた気になる教師

　社会科の教科書や資料集には、たくさんの資料が掲載されている。現地に赴くことが難しいため、その様子を知る手掛かりが「写真」しかないことも多い。しかし、その「写真」を見せただけで、果たしてその場所のイメージができたのであろうか。場所を超え、時間をも超える社会科だからこそ、イメージを膨らませるための手立てが必要なのである。

2．想像することの難しさ

　学習障害（LD）傾向が強い子どもの特徴の1つとして「空間認知の困難さ」が挙げられる[1]。

> LD児を含む発達障害児では、正常域知能発達であっても眼科的疾患に起因しない眼球運動の問題の出現率が高く、それが認知能力や学習達成度の低下の原因となることが指摘されている。発達障害における視覚関連の他の問題として、漢字、図形、地図学習の困難、絵を描くのが苦手などを症状とする形態・空間認知（視覚認知）の問題が見られることも多い。

　こういった特徴をもつ子どもへの対応の基本は、

> 抽象性の高い内容は具体的な教材で補う

ことである[2]。抽象性が高いものほど想像しにくい。だからこそ、より具体的にイメージできるような手立てが必要である。また、理解できないまま先にどんどん進んでしまうと、より混乱してしまう。そのため、ある程度自分のペースで学習できるような工夫も必要である。

3．ここまでやっておこう!!　ICT活用の下準備

解説動画

STEP❶　「Google Classroom」でクラスを作成する。

STEP❷　作成したクラスに対象の児童生徒を参加させる。

STEP ❸ 　探す場所の写真を「Jamboard」に貼り付ける。

4．タブレットで「擬似体験」をさせる

　教科書に掲載されている写真でも、工夫すればイメージを膨らませることができる。

> 教科書の写真と同じ場所を「Google Earth」で探す。

　同じ場所を同じアングルで見つけさせて、持ってこさせる。これだけで子どもは熱中する。地形や建造物などを手掛かりに探すので、写真をよく見るようになる。またGoogle Earthには「ストリートビュー」の機能があるので、人間目線で現地の風景を確かめることもできる。何となく見ていた教科書の写真が、より具体的な場所としてイメージできるようになる。

　他にも、写真を貼り付けたJamboardを配布することで「写真の読み取り」もしやすくなる。タブレット上の写真は拡大も自由自在なので、細かな部分まで難なく読み取ることができる。Jamboardには付箋機能があり、写真から読み取ったことを次々と貼り付けることができる。教師は子どもがどのような情報を読み取ったのかをひと目で知ることができる。

▲付箋の大きさや色も変えられるので，情報の整理がしやすい

　またJamboardには「共同編集が可能」というメリットもある。写真の読み取りが難しい場合は、友達のページを参考にすることもできる。これによって、どの子も安心して写真の読み取りに取り組むことができる。

　有益なサイトを活用するという方法もある。例えば、昔の暮らしを調べるなら「NHKアーカイブス回想法ライブラリー」がおすすめである。昔の道具を写真で見るだけでなく、昔の時代に入り込む「VR体験」ができるのだ。VRではセミの鳴き声などの音声や、生活していた人々の姿も現れる。当時の生活のイメージを膨らませるための工夫がたくさん盛り込まれたサイトと言える。

　ICTを活用することで、「写真を眺めるだけの授業」から「写真をフル活用した授業」へと生まれ変わらせることができるのだ。

社会　3年生〜　⓭ 社会科見学 × ICT

「見学しながらメモを取れ」では
できない子が続出する

NG指導
▶「聞く」「書く」を同時にさせる
▶視点をもたせずに見学させる

活用アプリ
Google Classroom

1．複数の作業が同時にできない子ども達

　発達障害を抱える子の中には、複数の作業を同時に行うことが苦手な子ども達がいる。「書く」ことに集中しすぎて、話を聞くことができなくなる。「見る」ことに夢中になって次の行動についていけなくなる。このような特性をもつ子ども達にとって、社会科見学はハードルが高い。目に飛び込んでくるもの・大きな音が刺激となり、集中するのは難しい。その上、メモを取る、というのは混乱を生んでしまうのである。

2．ワーキングメモリを補う対応する

　複数の作業が同時にできない原因の１つとして、「ワーキングメモリ」の働きが弱いことが考えられる。「ワーキングメモリ」の働きが弱いと、

> 　一度に１つのことしか入らないと言われる。２つ３つの作業指示を同時に出すと、何をすればよいか分からなくなる。

ことが起こる[1]。
「先生、何をするんですか」と日常から声を上げることが多いことが想像される。社会科見学では、目・耳などから多くの刺激が入る。それらの情報をその場で全て処理するのは難しいのである。
　だからこそ、作業を限定することが大切である。その場でメモしなければならないこと、後で確認できることを分ける。そうすることにより、ワーキングメモリの消費を抑え、集中して作業に取り組むことができるようになる。

3．ここまでやっておこう‼　ICT活用の下準備

解説動画

STEP❶　「Google Classroom」でクラスを作成する。

STEP❷　作成したクラスに対象の児童生徒を参加させる。

STEP ❸ 「Google ドライブ」に撮影した写真や動画を入れる。

4．写真や動画を後から見返すことができるようにする

　ワーキングメモリの働きが弱い子どもに対しては，以下の支援が効果的である。

見学先での作業を限定する

　話を聞き、資料を見て、機械などの作業の様子を知ろうとすると、脳がパンクしてしまう。それら全ての内容をメモすることは非常に難しい。そのため、見学先の様子を見返すことができるように、写真や動画を共有する方法がおすすめである。

　Google Classroomを活用した指導例を紹介する。

　まず、Google Classroomでクラスを作成する。次に、Googleドライブに社会科見学で撮影した写真や動画を入れる。そして、そのGoogleドライブをGoogle Classroomで共有することで、子ども達は誰でも自由にドライブ内の写真や動画を見ることができるようになる。タブレット上に表示される写真は、自由に拡大して見ることができるので、見学時には見られなかった

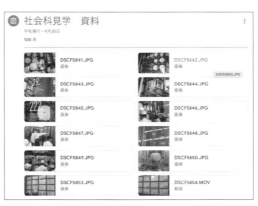

▲後から細かいところまでゆっくり見返すことができる

細かい部分までをゆっくり見ることができる。また、後で写真が共有されると分かっていれば、安心してじっくりと見学に集中することもできる。

　社会科見学の後には、「新聞作り」を行うことも多いだろう。ICTを活用した新聞づくりをさせることも可能である。作成の際には、共有した写真や動画を活用すればよい。教師が写真を印刷したり、子ども達が絵を描いたりする手間が省ける。写真を使えば、仕上がりもきれいである。

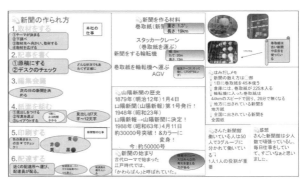

▲新聞づくりにも活用することができる

　写真や動画の共有は、子どものワーキングメモリを補うだけでなく、その後の活動にも活かしやすい。「見学＝メモを取る」という固定概念を手放してみるとよい。

「よく見て描きなさい」と注意するだけの観察記録はNG

NG指導
▶ ただ単に「よく見て描きなさい」と指示する
▶ 生物が苦手な子に同じやり方を強いる

活用アプリ
カメラ
ものすごい図鑑

1．ただただ「よく見て描きなさい」と言われても……

　理科では、季節ごとに動植物の観察を行う単元が配置されている。「丁寧に描くんだよ」「細かいところまで見るんだよ」と教師からの指示が飛ぶ。上手く描けない子にとって、「じっと見てるんだけど描けない」状態になり、観察すること自体が苦痛になるケースが多々生じる。自然を愛する心情を育てることが目的であるはずなのに、上手に描くこと自体が目的になっている指導が行われてはいないだろうか。

2．生き物が苦手な子どもにとって観察は強烈な苦痛

　生き物に触れるだけでなく、見ることも困難な子どもがクラスには少なからず存在している。日本社会は「都市化」が進み、自然と触れる機会が減少。植物や昆虫等とも触れる機会が減少し、動植物に対して苦手な子どもは年々増加の一途を辿っている。

　観察学習では、プリントやノートを用いて行うのが一般的。外に筆記用具を持ちだして、観察物の近くに座り、スケッチをする。描くことが苦手な子どもは、描いては消しゴムで消し、知らぬ間にプリントはぐちゃぐちゃ。生き物が苦手な子どもは、その気持ちを表出することができず、じっと耐えてスケッチを行う。せっかくの観察の授業が、子どもの苦しみを生んでいる現状。日頃から使う、様々なアプリやサイトを使用することによって簡単にスケッチができ、かつ詳しく動植物の特徴を捉えることができるように支援していくことが必要である。今回は、「カメラ」や「PowerPoint」を用いた観察記録の方法を紹介する。

3．ここまでやっておこう!!　ICT活用の下準備

STEP❶　「カメラ」を使用し、観察物を撮影する。

STEP❷　撮影したものを「PowerPoint」等のスライドに貼り付ける。

STEP❸　観察した日付を入力する。

STEP❹　写真を見て、観察物の特徴や変化を記入していく。

４．鉛筆で描くことが目的なのだろうか？

　観察をする際に、「鉛筆でスケッチすること」が大切なのだろうか。小学校の理科では、

> 理科の学習指導においては、自然の事物・現象とのかかわり、科学的なかかわり、生活とのかかわりを重視することにより、問題解決の能力や自然を愛する心情を育て、実感を伴った理解を図り、科学的な見方や考え方をもつことができるようにすることが大切である。

と文部科学省の資料に記載されている[1]。この目的を達成するために、「個別最適」な方法を活用し、自然に親しみのもてる観察学習を展開していきたい。

　カメラを使用すれば、細かい部分まで拡大して見ることが可能になる。植物に近づくことが苦手な子どもも写真であれば細かいところまで見れるようになる。写真や動画を撮影して保存しておけば、次の観察の学習の際に前回との比較を容易に行うことができる。具体的には、PowerPointのスライド１枚目が春の観察。２枚目が夏の観察……というようにスライドごとに観察記録を残していけば、生き物が１年間でどのように変化していったのかが、極めて鮮明に理解できるようになる。

　他にも、「楽に楽しく」観察学習ができるものがある。その１つがNHK for Schoolの「ものすごい図鑑」だ。様々な角度から動植物を観察することができ、触るのが難しい子どもでも、普段なら見られないようなところまで見ることが可能になっている。画質も非常に鮮明であり、細かい部分まで見ることも可能である。

▲「ものすごい図鑑」は様々な角度から動植物を見ることができる

授業を中断しての「太陽の観察」よ、サヨウナラ

NG指導
▶授業を中断し、太陽の観察を行う
▶1日のリズムを崩してまで観察する

活用アプリ
タイムラプス

1．授業を中断してまでやるべきことなのか

　小学3年生で扱われている「太陽の動きの観察」。教科書には1時間に一度観察をすることが記載されている。授業を一度中断し、学校の屋上や校庭に出て観察を行い、再度授業に戻る。このサイクルを1時間おきにくり返す。観察する時間だけではなく、移動の時間を含めると、かなりの時間を観察に割くことになる。果たして、各授業の時間を割いてまで太陽の観察を行うことにどれほどの価値があるのだろうか。

2．1日のリズムが崩れる「太陽の観察」

　子どもの中には、急な予定変更やリズムの変更に弱い子どもが少なからず存在する。ASDの子どもには以下の様な特徴が挙げられている[1]。

> 時間管理の困難の実態は一様ではなく、活動を途中でやめ、残りを後に回すなどの柔軟なスケジュールの調整が困難であったり、活動の開始時刻が過ぎているにもかかわらず活動に着手できなかったりするなど様々である。

「太陽の観察をするので、明後日は授業中に屋上に行くからね」と先に予告しておいたとしても、日々のルーチンの変更によるストレスが子どもにかかってしまう。授業中にやっていたことをすんなりとやめて観察の活動に入ることができればよいが、注意の切り替えをスムーズに行うのが難しい子どもにとって、活動を途中で中断するのは難しい。「早く行くよ！」「早くしなさい！」などと無駄に注意されるかもしれない。

　太陽の観察は「時間が経過するにつれて、太陽がどのように動くのか」を理解することが目的であって、授業中に中断してまで観察に行くことが目的ではない。とするならば授業を中断せずとも、目的を達成することができる手段があればよい。

　例えば、

『タイムラプス』

が挙げられる。これはアプリではなく、カメラの中にある機能を指している[2]。簡単に活用できる。一度セットしてしまえばその後自動で動いてくれるものなので、ぜひ試していただきたい。

3．ここまでやっておこう‼　ICT活用の下準備（iPadの場合）

STEP❶ iPadから「カメラ」を起動する。

STEP❷ 画面をスワイプして「タイムラプス」の撮影モードを選ぶ。

STEP❸ 三脚等で撮影場所に固定する

STEP❹ 「撮影」アイコンを押し、撮影開始する。

4．タイムラプスで簡単撮影！

　CM等でよく見る車列や人が高速で流れている動画がまさにタイムラプス機能で撮影されたものである。大きなメリットは2つある。

> メリット①　授業を中断せずに済む

　何より撮影場所に一度設置しておけば、それ以上にやることはない。あとはICT機器が勝手に設定された時間間隔で撮影してくれる。何度も授業を中断することがなくなり、授業に集中して取り組むことができる。

> メリット②　変化が明確で分かりやすい

　観察では、前後の比較が分かりにくく、またどのように太陽が動いたのかを軌跡を把握することができない。タイムラプスを使えば、太陽が「どれだけの時間で」「どれだけ動いたのか」が明確に分かる。

　新たなアプリやサイトを使用しなくても、標準装備されているものを少し教育に応用すれば、極めて教育効果の高いものが数多く存在している。今回使用したタイムラプスもそのうちの1つである。

実験後のまとめを「ノートに書く」だけに限定するな

▶まとめをノートに書くことを強いる

活用アプリ
カメラ
PowerPoint

1．ノートにまとめを書くことが困難な子ども

　理科は実験後にまとめをノートに書く場面が数多くある。データを記入し、観察や考察を書き入れる。仮に表などを用いる場合は、定規を使ってきれいに線を引く必要性も出てくる。実験時間が伸びた場合は、短時間でまとめを書かなければならなくなり、書くのが苦手な子どもにとっては苦痛の時間が始まる。チャイムが鳴っても書き終わらず、休み時間まで突入。ようやく書き終わったと思ったら、すぐに次の授業が始まる。そうなれば授業に集中できず、学習に身が入らなくなる。まとめをどう書かせるのかによって、授業に大きな影響が出てくるのである。

2．動画の方が圧倒的に伝わりやすい

　理科の実験というのは動きや変化を伴うものである。時間の経過とともに、量が増減したり、色が変わっていったり、形が変形したりするもの。これらの動きや変化をノートという紙媒体にまとめたとして、後から見返したとしても「こんな実験、そういえばあったなあ」という感想に終始するだけである。

　現在は動画による情報伝達が主流になってきている。なぜかというと、

Forrester Research の James McQuivey 博士によると、

　1分間の動画は一般的な Web ページの 3600 ページ分の情報量になる

ということが言われているからだ[1]。紙媒体で見るよりも、動画で見たほうが圧倒的に情報を得ることができる。理科の実験も同じであろう。実験の様子をグループの1人が撮影しておき、実験終了後にその動画を見ることによって、より学びが深まる。1人1人に実験の動画を共有してもいいだろう。

　動きのあるものを紙にまとめるというのは、意外と難しいもの。口で何回説明されてもよく分からないが、動画を見れば1回でよく分かることは子どもに限らず、大人にもよくあることである。

３．ここまでやっておこう‼　ICT活用の下準備

STEP❶ タブレットに十分な充電があるか確認する。

STEP❷ グループの１人がカメラを起動し、動画撮影モードにする。

STEP❸ 実験用動画を撮影しておく。

４．標準装備の「PowerPoint」で簡潔にまとめる。

実験のまとめをする際は、どのタブレットにも入っているであろう「カメラ」と「PowerPoint」を使うと非常に分かりやすくまとまる。実験の動画を撮影したら、グループのメンバーと動画を共有する。iPadであれば共有ボタンを押せば簡単に共有できる。iPad以外のタブレットでも共有する方法は必ず存在するので、ご自身の勤務校ではどうすればよいか確認してみていただきたい。共有後は、動画をPowerPointに貼り付ける。もちろん

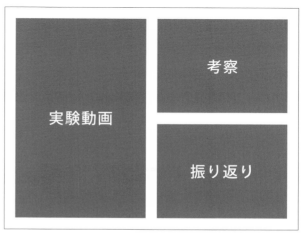

▲PowerPointにまとめる際のレイアウト例

他のソフトが導入されており、同様の活動ができるのであればそちらを活用していただいて構わない。

　動画をスライドの左側に貼り付けたとするならば、右側に「考察」と「振り返り」を記入する。たいへんシンプルな構成であるが、シンプルだからこそ子どもにとって分かりやすく作業しやすい。一度この形で作ってしまえば、１年間同じシステムで続けることができる。PowerPointを送信すると重たくなるという場合は、スライド画面のスクリーンショットを撮影し、画像のみ教師に送るという工夫をすることもできる（スクリーンショットの方法は、それぞれの端末によって異なる。たいへん便利な機能なので子どもに習得させておきたい）。「まとめ」が苦しいものにならず、なおかつ効果的なものにするために、実験の動画を撮影することは有効な手段である。

図工 **全学年** ⑰ 鑑賞 × ICT

ただ「見る」だけの鑑賞で 喜ぶ子はいない

NG指導
▶ただ単に自分の感想を書くだけ
▶他からの感想を共有しない

活用アプリ

Padlet

1．「鑑賞」の感想文が書けない子にどう対応するか

　作品や絵が完成された後に、他の子の作品を鑑賞させる学習を行う。その際、なかなか他の作品への感想が思い浮かばず、「上手」「面白い」などの短い文章になったり、感想文そのものを書くことができなかったりする子がいる。彼らに対し、「もっと長く書きなさい」や「なんで書けないの？」などと厳しく指導すると、余計にやる気をなくしてしまう。

2．書いた感想を認めてほめる

　子どもが書いた感想を「認めてほめる」ことは極めて重要なことである[(1)]。

> 子どもにとってほめられる経験は、結果が適切であるということの確認や存在価値の肯定につながり（高崎、2002）、大人に受容されたという安心感を得られ（岡本、1994）、自尊感情（箕輪・向井、2003）やモチベーション（Kelly, Brownell, & Campbell, 2000）の高さにも影響を与えることがわかっている。

　どんなに短い文章だったとしても、書いたことを褒めることで、モチベーションが上がる。また、Berndtの研究によると、次のことが分かっている[(2)]。

> 友人が人の成功を称賛する簡単な表現をすることで、自尊心を高めることができる。

　友達の褒め言葉を共有することで、何を書けばよいかが分かるだけでなく、褒めた子も褒められた子も自尊感情が上がる。一石二鳥の学習になる。

3．ここまでやっておこう‼ ICT活用の下準備

解説動画

STEP❶ Padletを開き、「Padletを作成」をクリック。

STEP❷　シェルフのフォーマットを選択する。

STEP❸　セクション欄に各児童の名前を打ち込み、共有する。

4．Padletを活用し、「子どもの感想」を共有する

　意見を持ちにくい子に対しては、「他
の子の意見を参考にする」ように伝
える。

　Padletを使用すれば、簡単に感想
を共有することができる。他の人が
書いた感想を見ることもできるため、
どのように感想を書いたらいいのか
が発達障害の子どもにも分かる。

▲実際にPadletで感想を共有している様子

　子ども達は、教室を歩き回りなが
ら、随時感想をPadletに上げていけばよい。

　これを行う際のポイントは、「感想の量に大きな個人差を出さないこと」だ。

　それを防ぐために、次の2つのことを指示する。

---

①まずは同じ班のクラスメイトの感想を書くこと。

②感想の少ないクラスメイトのところに行くこと。

　教師はタブレットを見て、「この感想とても分かりやすくていいね」と声掛けをしながら、タブレットを確認する。感想の少ない子どもがいた場合には、教師も書いてやればいい。

　また、Muellerらの研究により、次のことが明らかになっている[3]。

努力に焦点を当てた称賛はモチベーションにプラスの影響を与え、能力に焦点を当てた称賛
はモチベーションにマイナスの影響を与える。

　よって、子ども達には、「みんなが頑張っているな、と思ったところを書いてあげるんだよ」
と指示することで、学級全体のモチベーションが上がっていく。

終盤になっての塗り直しは地獄

NG指導
▶終盤にきて、やり直しを命じる

活用アプリ
色塗りAI

1．終盤の「塗り直し」は、子どものやる気を削ぐ

　図工の作品が完成間近に差しかかった時、A君の彩色に明らかな違和感がある。この時、教師はどのような対応をするだろうか。思わず、「A君、もう少し丁寧にやった方がいいね。もう一度やってみようか」と声をかけることがないだろうか。この指導により、やる気をなくしたり、パニックを起こして画用紙を破ってしまったりする子は少なくない。

2．「エラーレスラーニング」が指導の基本である

　図工において難しいのが「やり直し」「塗り直し」への対応である。

　知的障害や自閉スペクトラム症（ASD）の子は、一度失敗すると自尊感情が低下し、やる気がなくなってしまう。そのために考えられたのが「エラーレスラーニング」である[1]。

> エラーレス指導とは、（中略）弁別刺激やプロンプトを用いて、正しい反応だけが生じるようにする指導手続きである。さまざまな行動やスキルを学習させる場合に、試行錯誤を繰り返して次第に標的行動を形成していく方法ではなく、誤反応を生起させないで標的行動をすみやかに形成していく方法で、指導の対象となる児童にとって負荷も少なく効果的である。

　図工の指導でありがちなのは、「自由に描きなさい」と言って放置しておき、終盤になってから「もう少しこうした方がいいんじゃない？」と修正を促すことだ。修正させるぐらいなら、最初からそうならないように手入れをしてやればよい。

　エラーレスで指導していれば、このような混乱が生じることもない。

3．ここまでやっておこう!!　ICT活用の下準備

解説動画

STEP❶　色塗り前の下絵をタブレットで写真に撮る。

STEP❷　Googleを開く。

「petalica paint」と検索し、サイトを開く。

アップロードから自分の下絵の画像をアップする。

４．先に「納得する」色塗りのイメージをもっておく

「色塗りAI」と検索すると、様々なサイトが検索される。これを活用する。

今回は「petalica paint」を紹介する。画像をサイトにアップすれば、AIが着色の仕上がりを提案してくれる。もちろん、自分で色を入れて、どんな風になるかを確認することも可能だ。色もたくさんの中から選ぶことができる。何度も納得いくまで様々な色を試すこともできる。

▲ 「petalica paint」の画面

つまり、塗ってしまって失敗体験を積むのではなく、塗る前に出来上がりを確認した上で、着色し、成功体験を積ませることができる。

このサイトを使うことで、失敗は格段に減る。

しかし、それだけでは不十分だ。教師は次のことを意識して、指導を行う必要がある。

①色作りは、教師が見ているところで一緒に行う
②丁寧に塗ることができているか、途中経過を確認する

色作りは、どの子にとっても難しいスキルである。発達障害の子の場合、放っておけばぐちゃぐちゃの色を作り、失敗してしまう。教師が「もう少し白を入れて」「たくさん色を混ぜないで」など具体的に指示をしながら、色を作っていく。

また、子ども達がエラーを起こす前に指導できるよう、常に途中経過を見ておく。エラーを起こしかけた瞬間、「ちょっと待って」と指導を入れる。こうすることで、エラーを起こさずに彩色を進めることができる。

音符が苦手な子でも美しいメロディーが作れる

NG指導 ▶音符を読めない子を「努力不足」と決めつける

1．「努力」が足りないから読めない？

3年生から学ぶ音符の学習。習った音符を使ってメロディーを作ってみる。しかし、いつまで経っても五線譜を読むことが難しい。よってメロディーを作ることができない。先生は何度も何度も「ここはド、これはミ」と教えるが、なかなかできるようにならない。

その姿を見た教師は「あの子は努力不足だから、音符を読めないんだ」と決めつける。

これは、教師の認識不足である。

2．「ディスレクシア」は教師にとって必須の知識

音符や楽譜を読めないのは、いくつか要因がある。

1つは、「ディスレクシア」である。ディスレクシアは、文字の読み書きに限定した困難がある障害である。国立成育医療研究センターによると、次のように書かれている[1]。

> ディスレクシアは、学習障害のひとつのタイプとされ、全体的な発達には遅れはないのに、文字の読み書きに限定した困難があり、そのことによって学業不振が現れたり、二次的な学校不適応などが生じる疾患。

文字が揺れて見えたり、回って見えたりすることから、音符が五線譜のどこにあるかが認識できない。そのため、音楽を奏でることができない。

もう1つは、「Musical Alexcia」という音楽特有の障害である。中央大学・緑川晶氏によると、リズムやピッチの読み取りが難しく、楽譜を読むことが難しいと言われている。

よって、音符や楽譜を読むことができないのは、子どものせいではないのである。

3．ここまでやっておこう!!　ICT活用の下準備

Song Maker

STEP❶ Googleを開く。

STEP❷　「Song Maker」と検索し、開く。

STEP❸　画面をタップし、どんな音がでるのか試してみる。

４．「音作りって楽しい！」という概念をインプットする

一般的に、簡単にできるディスレクシアの子どもへの支援方策として、

①文節で区切る。

②行間を空ける。

③文字の大きさ、フォント、色を調整する。

などの工夫があるが、音符で行うのは難しい部分もある。そこで、音符が読めない子どもでも楽しくメロディー作りができる教材を紹介する。

１つめは、「Song Maker」である。タップするだけで音を選択することができ、重ねた音などを自由に出すことができる。音色も、マリンバやピアノ、弦楽器など様々なものから選択可能である。テンポの変更やマイクによる録音機能もあり、自分の声を入れることも可能だ。

色で音が分けられているため、一目で分かる。

２つめは、「おんぷノート」である。

こちらは学校向けのアプリであるため、ダウンロードする必要がある（無料でダウンロードすることが可能）。簡単な操作で音符や休符をアプリ上の五線に書き入れることができる。「この高さにある音符はこんな音がするんだな」という即時学習を行うことが可能になっている。

どちらの教材も「タップ」するだけでどんな音が出るかが分かるため、五線譜を読んだり、書いたりしなくても、メロディーを作ったりすることができる。

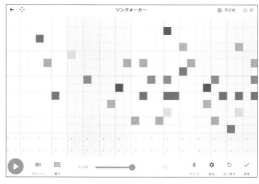

▲Song Makerを使えばメロディーを簡単に作れる

▲おんぷノートは五線を簡単に楽しく使える

「全員で」「同時に」鑑賞する必要はあるのか

NG指導
▶全員一斉に音楽の鑑賞をさせる
▶教師が曲を聴く回数を決める

活用アプリ
Google Classroom

1．こんな鑑賞授業は「つまらない」

　音楽の授業で、鑑賞を行う。曲を聴き、「この曲はどんな感じがしましたか？」「曲を聴いて感じたことや気づいたこと、思ったことは何ですか？」といった発問のオンパレードである。

　なかなか考えが浮かばない子に対し「もっとしっかり聞いて！」「よく聴いたら分かるよ」などと声をかけても、子どもはポカンとしている。次第に教師はイライラし始めるが、これは、子どものことを理解できていない教師が悪い。

2．「曲を聴いて感想を書く」は、実は難しい

『発達障がい児本人の訴え』（教育技術研究所）の龍馬くんは、次のように言っている[1]。

> 音楽の時間に「この曲はどんな感じですか？」と聞かれる。わけがわからなくてパニックになる。やる気をなくす。

　龍馬くんは、「優しい感じの曲はこんな音・こんな曲」のように、具体的に教えてほしいと書いている。このように発問そのものを工夫する必要がある。

　また、教室の中には、「APD（聴覚情報処理障害）」を抱える子が在籍している可能性がある。

　APDは、通常の聴力検査では問題ないものの、日常生活での聞き取りにくさがある障害である。福島邦博氏らによると、APDの定義は以下の通りである[2]。

> 1）多人数が話す場合など、騒音環境下での聴き取りにくさ
> 2）音声提示された指示に対する従いにくさ
> 3）よく似た言葉の弁別しにくさ

　APDを抱える子にとって、どんなに静かにしても周りの音が耳に入る。その音が、本当に聴きたい音の邪魔をするため、音楽が聴き取りづらくなる。その音楽のことについてたずねられても、聴いていないのだから、答えようがない。

3．ここまでやっておこう!!　ICT活用の下準備

STEP❶ 鑑賞する曲を決め、データを用意する。（指導書等についているデータを活用）

STEP❷ 子ども用のイヤフォンを準備する。

4．「個別」か「集団」かを自分で選択できるようにする

　指導書についているワークシートには、「曲の感じ」「曲の速さ」「使われている楽器」「分かったこと・気づいたこと」など、どんな観点で鑑賞すればよいかが明確に記載されている。

　よって、基本はワークシートに沿って鑑賞させるのが、最も効率的である。

　しかし、「曲の感じ」についてはイメージできない子がいる。そこで、次のように指示する。

「曲の感じ」のところは、「優しい感じ」「楽しい感じ」「悲しい感じ」「激しい感じ」のいずれかを書きます。

　選択肢を用意するのである。これだけで、発達障害の子も答えられるようになる。

　また、体を動かすことも有効である。

「シンコペーティッド・クロック」なら、「時計の音が鳴ったら、机をたたきましょう」。

「おどるこねこ」なら、「猫の鳴き声が聞こえたら、猫のポーズをしましょう」。

　このように動作を入れることによって、子ども達の熱中度が増す。

　APDの子で、全体で聴くのが苦手な子のために、データをGoogle Classroomやロイロノートを使って配信して、イヤフォンで聴くことができるようにしておく。

　子ども達には、次のように指示する。

みんなで聴きたい人は、前に集まって聴きます。1人で聴く方がいい人は、イヤフォンをして聴きなさい。どちらを選んでもいいのですよ。

　自分で鑑賞の方法を選ばせる。どちらがいいというのではなく、自分の好きな方法で学べばよい。

　これが、令和時代の音楽鑑賞の授業となる。

「玉止め」を口で説明されても、玉止めはできるようにならない

NG指導
▶口頭でのみ説明する
▶視覚での支援が全くない

活用アプリ
NHK for School

１．やり方を口頭で説明するのは極めて効率が悪い

　５年生の学習で始まる「裁縫」の授業。

　はじめに習うのが「玉止め」である。「指に巻き付けて、巻き付けた糸をくるくると指をスライドさせて、糸を引っ張ると玉止めができます」と説明する。教科書の絵も参考にしながら。

　しかし、多くの子どもがここで脱落する。「できない」「分からない」の声が続出する。この声に、「さっき説明したでしょ！」「なんでできないの！」と叱って対応するが、できるようにはならない。これは、当然のことながら教師の指導が悪い。

２．裁縫ができないのは「イメージ」が足りないからである

　裁縫は、「作業」である。作業指示を出す時に、口頭指示だけではなく、視覚指示を合わせるとより効率的に情報を伝えることができることが分かっている。

　慶應義塾大学・志田敬介氏の研究によると、動画をどのように見せるかによって、情報の伝わり方が変わると言う[1]。

> 再生速度を遅く、提示量を少なくすると作業情報を取得した際のエラーが少なく、作業品質は向上すると言える。

　初めて出会った学習内容については、通常のスピードよりもややゆっくり動画を流すことで、確実にできるようになる。繰り返し練習していく中で、徐々に動画のスピードを上げることで、作業効率を上げていけばよい。

　裁縫の技能は、ただでさえ難しい作業である。言葉だけで技能を習得させるのは、極めて困難である。

３．ここまでやっておこう‼　ICT活用の下準備

NHK for school

STEP ❶ ▶ NHK for Schoolを検索する。

NHK for School

STEP ❷ 検索欄で「玉止め」を検索する。

4．「個別」か「集団」かを自分で選択できるようにする

　NHK for Schoolを開き、キーワード検索をすると、「玉止め」に関する動画がラインナップで出てくる。

　子ども達は1人1台端末を持っているので、それぞれの手元で動画を再生させる。

　指元の細かい動きまで分かりやすく動画になっているので、どうすればよいか一目で分かる。

　イヤフォンをしていれば、周りの音も気にならずに集中して動画を見ることができる。

　動画を見たいところで止めながら進めることで、子ども自ら技能を習得することが容易になる。

　最初のころは、ゆっくり再生した方が習得率が上がる。NHK for Schoolには、再生速度をコントロールすることができないので、教師が次のように準備しておく。

▲NHK for Schoolで「玉止め」と検索して出てきた画面

①動画を「画面収録」する
②収録動画を、「0.5倍速」で再生する

　また、YouTubeを利用した授業も非常に有効である。画面収録しなくても、動画の再生速度を調整できる。自分のペースに合わせて学習を進めることが可能になる。

　もちろん、動画を見せただけで、全員ができるよ

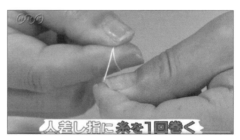

▲「玉止め」の指の動きまでかなりわかりやすく示されている

うになるわけではない。しかし、全員に動画を見せておくことで、手先が不器用な子への個別対応時間が生まれる。

　動画は、子ども達の学習イメージを高めるとともに、個別対応の時間を生み出す最高のツールなのである。

調理の手順を、文字で黒板に びっしり書かれても分からない

▶黒板いっぱいに指示が書かれている
▶文字だけで手順を説明する

活用アプリ

PowerPoint

1．文字情報びっしりの黒板は、やる気が減退する

　調理実習は手順が多い。家庭科室に行くと、黒板に調理の手順がびっしりと書いてあるのを見る。びっしり書かれた黒板を見て、「分かりやすい」と思う子どもはいない。文字量の多さを見るだけでやる気が減退するだけである。また、授業の最初にその黒板を、いちいち全部説明する。子ども達は、ほとんど聞いていない。結局、途中で「先生、どうやるの？」と質問が続出することになる。

2．調理実習は、「動画」マニュアルが理解しやすい

　最近では、YouTubeなどの動画を見て、料理をする光景が日常になった。動画の方が伝わりやすいからである。同じように、調理実習では、各器具の具体的な操作方法や、各具材の調理方法など、文字だけでは上手く伝えられない内容がたくさんある。例えば、「青菜を湯に入れ、1分間茹でる」と文字だけで書かれていたとする。この場合、逆さまにして入れたらいいのか、そのまま根元を下にして入れたらいいのか混乱する子どもが出てくる。

　また、教科書の写真とセットで見たとしても、イメージすることは難しい。

　調理実習を効率的に行うためには、動画が最適である。原田悦子氏らの「動画マニュアル」の研究によると、次のことが明らかになっている[1]。

> 3D課題において静止画に比べ動画マニュアルの支援効果が高いこと。

　つまり、実際の作業を行う調理実習は3Dであり、動画の方が分かりやすいと言える。

　手順が数多くある調理実習は、言葉や静止画よりも、動画でマニュアルを作りたい。

3．ここまでやっておこう!!　ICT活用の下準備

解説動画

STEP❶ ▶ 調理実習の各手順を動画で撮影する。（YouTubeで検索してもよい）

STEP❷ ▶ PowerPointもしくはGoogleスライドを開く。

PowerPoint Googleスライド

STEP❸ 1枚のスライドに1工程の動画を挿入する。

4．PowerPointで、安心して進められる調理実習

「PowerPoint」や「Googleスライド」などのスライドアプリを使用すれば、スムーズに調理実習を行うことができる。

　まず、教師が実際に調理している様子を、動画撮影する。Googleスライドを使う場合は、YouTube動画を探しておいてもよい。

　その動画と言葉をセットにして、1工程につき1つのスライドを作成し、動画を貼り付ける。

　このスライドをGoogle Classroomなどを使って配信する。子ども達への指示は、一言「スライドを見ながら作ってごらんなさい」でよい。

メリット①　動画を手元で見ることができ、イメージしやすい。

　調理の動画が手元にあると、イメージがしやすい。余計な説明をしなくても、スライドを見れば分かるので、ムダな時間を減らし、調理する時間を増やすことができる。

メリット②　1スライド1工程にすることで、手順が明確になる。

　1枚のスライドに情報量が増えれば、子ども達はどこを見ればよいか分からなくなる。

　だから、1スライドに1つの工程を載せるようにする。「1スライド1工程」にすることで、次に何をすればよいかを迷わなくて済む。

▲PowerPointのスライドに各工程を1つずつ貼り付ける

メリット③　何度も見返すことができる。

　手元にスライドがあれば、自分の困ったタイミングで見返すことができるため、子どもの不安を取り除くことが可能になる。

体育　3年生〜　❷❸ 器械運動 × ICT

説明して運動能力が上がるなら 苦労しない

NG 指導
▶言葉で動きを説明する
▶フィードバックがない

活用アプリ
ReplayCam

1．「おへそを見て回るんですよ」では理解できない子がいる

　前転の指導を行う。教師が全員を集め、上手くいく方法と上手くいかない方法を演示し、「おへそを見て回るんですよ」と言葉で伝える。でも、実際にやらせてみると、上手くできるのは3分の1程度。その状況を見て、子どもを再度集めて「だから、こうやるんですよ」と指導するが、なかなか改善しない。このような指導を何度かやっているうちに、ほとんどの子はできるようになるが、結局できない子が数名残ってしまう。教師は、「運動が苦手だから」と諦めてしまう。

2．動きを「即時フィードバック」できる環境を作る

　教師の指導で、圧倒的に足りないのは「フィードバック」だ。

　フィードバックがなければ、自分はどこができていないのかをメタ認知することができない。

　しかし、教師は全体を回りながら指導しているため、すぐにフィードバックをもらうことは難しい。だからこそ、映像を用いて「即時フィードバック」できるようにしたい。

　運動技能の向上についてこのような研究結果がある[1]。

> 手本の存在（視覚や触覚などの身体感覚からの直接刺激）が、障害の克服と改善に有用な役割を果たすと考えられる。

　ここでいう手本とは、「見本動画」や「個別指導」のことである。現実的に考えて、数十人の子どもに教師が1人ひとり直接個別指導を授業で行う時間はない。器械運動は準備に時間がかかる。器具も数が制限されている。一見すると運動量が豊富に見えたとしても、1時間の授業の中で技に取り組んでいる時間は、1人当たりほんの数分である。短い活動時間の中でいかに技能を習得させるかがポイントになる。

3．ここまでやっておこう!!　ICT活用の下準備

STEP❶ ▶「ReplayCam」アプリをインストールし、起動する。

STEP❷ マットの横に、タブレットを設置する。

4．ポイントを絞って撮影せよ

自分の動画映像を見ることができれば、次のような効果がある[2]。

> 自己の動作映像を見ることが課題達成にプラスとなることが、達成度・自己評価・動作形態において確認できた。

自分の動画を確認するためには、ディレイ再生機能のあるアプリがあればよい。「ReplayCam」は、簡単にディレイ再生をすることが可能である。

「ReplayCam」

ReplayCamを起動し、次の設定を行う。

> バッファサイズ（遅延時間）を「8秒」にする

子供が前転をして、カメラのところに来るまでの時間を読む。早すぎると映像を確認できないし、遅すぎると間延びする。前転なら、「8秒」がちょうどよい。

次に、タブレットを設置する場所である。

> タブレットは、マットの「横」に設置する

タブレット ◯   マット ↑

子どもの動線を考え、タブレットをマットの右左のどちらに置くかを決める。

このように、子ども達が自分で自分の映像をその場で見られるようにタブレットを設置することで、自分の改善点を確認することができる。ただし、次のことが大切である。

> 「テクニカルポイント」を、事前に伝えておく。

各運動技能には、「ここができれば上手くいく！」というテクニカルポイントがある。

子ども達が自分で動画を見返した時に「ここができるようになればいい」ポイントを事前に伝えておくことで、自分たちでフィードバックし合いながら上達していくことが可能になる。

「聞いているフリ」「分かっているフリ」ばかりの作戦タイム

▶できる子ばかりがしゃべり、意味のない時間が過ぎていく

活用アプリ

Jamboard

1．本当に作戦「会議」になっているか？

　ボール運動で、作戦会議を行う。サッカーやバスケットボールでは、誰がどのように動くのかについて、話し合う。その中心は、決まってその競技の経験者、もしくは運動の得意な子どもである。経験がなかったり、運動が苦手だったりする子にとっては、ただ聞いているだけの時間となる。教師は、「子どもが話し合っているから」と何も手入れをしない。結果、作戦会議が意味をもたない時間となる。

2．経験者と未経験者のイメージの差を埋める工夫を

　カナダの脳外科医であるワイルダー・ペンフィールドは、局所麻酔をした人の脳に電気刺激を与え、体のどの部分が動くかを確認し、体性感覚野と身体の部位との対応関係をマップ化した。

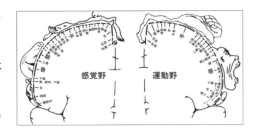

　このマップによると、人間の脳と最も繋がっているのは、「唇」と「手や指」である。また、山下柚実氏によると、次のことが分かっている[1]。

> 手にある触覚のセンサーの数は、1平方センチメートルの中に250個ほど分布しており、片手の手のひらには、17,000個ほどのセンサーがある。

　手にはたくさんのセンサーがあり、脳と繋がっている。だから、手先を使って作業することで、状況をイメージしたり、話し合いの内容を効率的に理解したりすることが可能となる。

3．ここまでやっておこう!!　ICT活用の下準備

Jamboard

STEP❶ Jamboardファイルをダウンロードする。

> **STEP②** グループの数だけ「スライド２」のコピーを作成する。

> **STEP③** Jamboardファイルを、Google Classroom等で配信する。

> **STEP④** グループごとに、付箋や図形を貼り付け、準備しておく。

４．タブレットを作戦ボードにする

子ども達にJamboardを配信する。

全員のタブレットに配信されているので、それぞれのタブレットを見ながら、作戦を決めさせる。

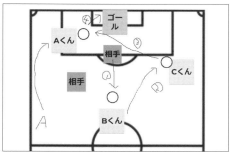

▲ジャムボードで行う作戦会議例

> Jamboard を使って、作戦会議。３分間。

右上の図が、実際のJamboardの例である。

ペンや付箋を使い、線を書き込んだり、付箋を動かしたりすることができる。自由に書き込んだり、消したりすることが可能なため、紙に書くよりも様々なアイデアを出すことができ、ボードは自由に増やすことができる。

子ども達は、実際に書き込んだり、付箋を指で動かしたりすることができるので、口頭で聞いているよりも脳が活性化し、理解しやすい。

作戦会議が早く終わったグループには、「今の作戦が実行できるように、練習しておきなさい」と指示を出す。

３分経過したところで、実際に試合を行う。

６チームなら、運動場に３コート作って、６チーム一斉に試合をさせる。審判はなし。ルールは基本セルフジャッジで行う。揉め事が起こったところのみ、教師が判定を下せばよい。

審判をさせていると、せっかく考えた作戦を忘れてしまう。「即実行」が、ポイントだ。

試合が終わったら、次のように指示する。

> Jamboard で、振り返りと次の作戦会議。３分間。

作戦がどうだったのかを振り返り、また作戦を立てさせ、即実行させる。

Jamboardを使うことで、全ての子が参加できる作戦会議が可能となる。

体育 **全学年** ㉕ **運動会の表現運動** × **ICT**

指示が山盛りのダンス指導では
子どもの動きは改善しない

NG指導
▶ 言葉で指示を出し続ける
▶ 他の授業を何時間も削って練習させる

活用アプリ
カメラ

1．教師が前で指示を出し続ける「運動会の表現運動」

　表現運動は、運動会のメイン種目である。「いいものを見せたい」という教師の思いが強いため、指導にも熱が入る。「指先を伸ばす！」「大きく体を動かす！」などと怒号が飛ぶ。毎回の説明も長い。子どもからは「もう疲れた」「また練習するの？」という声が聞こえてくる。それでも、お構いなしの指導が続く。発達障害の子ども達の中には、練習に参加しない子も出てくる。

　これは、当然教師の指導に問題がある。

2．1人1人が「どこをどうすればよいのか」が分かる練習を

　人間の脳には、「ミラーニューロン」と呼ばれる神経細胞がある。近畿大学・村田哲氏によるとミラーニューロンは、次のような性質をもっていることが明らかになっている[1]。

> ミラーニューロンは、一つのニューロンが他者の動作を観察した時に活動し、その動作を自ら実行する時にも活動する性質をもつ。

　表現運動では、ミラーニューロンを意識して指導を行うことで、子どもの動きは格段に変わる。言葉による指示では、ミラーニューロンが働かないのに対して、見本となる動きを見ることで、ミラーニューロンが働き、「鏡」のような反応をすることができる。

　また、表現運動の指導で大切なこととして、「自分がどこを直せばよいかが分かっている」ということが挙げられる。運動会の全体指導では、全員に向かって指示が出されるため、自分自身はどこをどう改善すればよいのかが分かりにくい。

　個別に、「どこをどのように直せばよいか」を明確にすれば、子どもの動きはガラッと変わる。

3．ここまでやっておこう!!　ICT活用の下準備

STEP❶ 教師が「見本動画」を撮影する。（YouTubeの動画があれば、それでもよい）

Split viewのやり方

STEP❷ 練習中に、子ども同士でダンス動画を撮影する。

STEP❸ 見本動画と撮影した動画を並べて表示する。

４．自分で修正点を発見できる

　表現運動の第１時、第２時は、体育館で行う。

体育館のスクリーンに、「反転動画（左右逆の動画)」を流して練習させる

ためである。最初に、ダンスの解説を１分程度。あとは、「動画を見て踊りなさい」と指示する
だけでよい。無駄な口頭指示を削減することができる。

　動画を見ながら練習すると、ミラーニューロンが働き、子ども達はその動きを真似しようとする。
子ども達は、２回の練習時間でダンスをほぼ覚えてしまう。

　ここまでが、第一段階である。

　次に、細かいところの指導を行う。細部の指導は、個人によって内容が異なる。

　そこで、子ども達に次のように指示する。

隣の子とペアになります。ペアの子の動画を正面から撮ってあげなさい。

---

　iPadには、「Split View」という機能がある。撮った動
画と見本動画を両方起動させ、画面に半々で表示させる
（iPad以外の端末の場合は、PowerPointに２つの動画を貼
り付け、同時再生すればよい)。

　２つの動画を同時に見ることで、どこを直せばよいかが
一目瞭然で分かる。また、ペアの子と話し合わせることで、
自分では気づくことができない部分も修正することができる。

　PowerPointなどのスライドアプリに両方貼り付けておけ
ば、「昨日の自分」「今日の自分」と記録をためておくこと
ができ、自分の動きの変化・成長を記録することができる。

　小さな工夫で子ども自身にも分かりやすく、かつ、教師
の指導を減らすことができる。他の授業を圧迫しすぎずに、
満足のいく運動会の表現運動を展開し、子どもに無理のな
い指導を心がけていくことが極めて重要である。

▲i-Pad：Split Viewの画面

▲PowerPointの場合

「ただ走るだけ」の持久走指導は子どもの心と体に負担をかけるだけ！

NG指導
▶ただ走ってタイムを競うだけの持久走
▶運動場をぐるぐる走るだけ

活用アプリ
Googleスプレッドシート
Google Classroom

1．「ただ走るだけ」の持久走は、走るのが嫌いな子どもを増殖させる

　冬場に行われる持久走。ただ走って、タイムを競うだけの持久走では、活躍できる子どもはほんの一握りであり、苦手な子どもにとっては体にも心にも負荷がかかる。先生は、周りの子ども達に「応援してあげましょう」と声をかけ、子ども達も「がんばれ！」と応援する。しかし、苦手な子にとっては、応援が逆効果になる場合もある。こうやって、「持久走は嫌い」の子ども達を増やしてしまうことになる。

2．発達性協調運動障害の子にとって、持久走はチャンス!?

　発達性協調運動障害の子は、体育が苦手なことが多い。だから、「持久走も同じように苦手だろう」と考えるのは、短絡的である。医学博士の宮尾益知氏は、次のように述べる[1]。

> 体育でも持久走・マラソンだけは得意な発達障害の人が多いのは、単純な繰り返し運動であり、粗大運動があまり求められないから。

　持久走は体育が苦手な子どもにとって実は活躍できる可能性がある。

　しかし、最終のタイムを競うだけの持久走では、「オレ、○分！　お前は？」のように周りとのタイムの比較に終始してしまうため、結果として「オレは、周りの子よりも遅いんだ」と自尊感情を下げてしまいかねない。

　数少ないチャンスだからこそ、ICT機器を駆使し、自分の成長を自分で確認しながら持久走に取り組みたい。

3．ここまでやっておこう!!　ICT活用の下準備

持久走ラップタイム
スプレッドシート

STEP ❶　「持久走ラップタイム」のスプレッドシートをコピーする。

STEP ❷　日付や周回数によって、一部修正する。

STEP ❸　Google Classroom等を使って、子ども達に配信する。

4．スプレッドシートで「グラフ化」することで、モチベーションを高める

学習指導要領には、持久走について次のように記載がある[2]。

> 現行学習指導要領での持久走と長距離走の位置づけは明確に区別されている。持久走は体つくり運動領域として、「無理のない速さ」に主眼が置かれ……

持久走は、速さや距離を競うものではない。無理のない速さで走り続けることが重要である。

だからこそ、ラップタイムの記録を取ることが重要になる。

２人組を作らせ、前半組と後半組に分ける。

> 前半組、走ります。後半組、タイマーで１周ごとにラップを取ります。

タブレットには、「タイマーアプリ」が入っており、ラップタイムを計測することができる。

前半組が走り終わったら、後半組の子はラップタイムを伝える。前半組の子は、スプレッドシートを開き、タイムを記入していく。

スプレッドシートは、ラップタイムを記入すれば、合計タイムとグラフが自動的に作成されるように設計されている。

このグラフを見れば、自分の課題が一目で分かる。グラフをもとに、「次回に向けて」を書く。

子ども達には、次のように伝えておく。

▲タイムをグラフ化したスプレッドシート

> グラフが凸凹しているより、なめらかになっている人が「持久走が上手」と言えます。

グラフがあるからこそ、この指示がどの子にも明確にインプットされるのだ。

パワポや検索だけで
タイピングを行うのは苦行

 NG 指導

▶ 文字入力の時だけタイピングをさせる

活用アプリ

キーボー島アドベンチャー

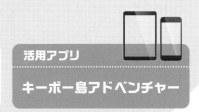

1．楽しくない「苦行」のタイピング場面

　まとめの学習で、「スライドを開いて、自分の考えたことを書きなさい」と指示を出す。しばらくすると、「先生、『を』ってどうやって入力するんですか？」と質問が飛ぶ。その質問を皮切りに、次々と入力に関する質問が飛び出す。こうなると、学級は騒然とする。パソコンに苦手意識のある子は、突っ伏したり、「もういやだ」とか「自分はどうせできないんだ」と自尊感情の低下を引き起こしたりする。これは、もはや苦行でしかない。

2．個々のレベルに応じたタイピング練習の場

　タイピングは、これからの時代を生きていく子ども達が身につけておくべきスキルである。
　Marjolijn van Weerdenburgらの研究によると、タイピングの練習をした小学生には、次のような効果があったことを示している[1]。

> （プロのタッチタイピングの練習コースに参加した人は）タイピングスキルだけでなく、綴りや物語を書くスキルにも影響を与えたと結論付けることができます。

　つまり、文章を作成したり、プレゼンテーションを作ったりする前に、「タイピングの練習」をしておくことが大切であるということだ。
　文部科学省は、「教育の情報化に関する手引」作成検討会資料に、具体的なタイピングに関する速さを以下のように示している。

> 3年生から：ローマ字による正しい指使いでの文字入力（タッチタイプ）の指導を行う。

> 3年・4年：タッチタイプで自分の名前や短い文書を入力できる。また、自分の考えを文章にまとめることができる。

> 5年・6年：10分間に100文字〜200文字程度の文字を入力できる。

　このスキルを身につけさせるためには、意図的な「タイピング練習」が必要である。

3．ここまでやっておこう!!　ICT活用の下準備

STEP❶　プレイグラムタイピングのURLをGoogle Classroomなどで子どもに配信。

STEP❷　あかねこローマ字スキルデジタルサポートのルーブリックをダウンロードして、子どもに配信。

STEP❸　「キーボー島アドベンチャー」の登録をする。

　まず、プレイグラムタイピングで指の位置を確認し、練習する。

　プレイグラムタイピングは、レベルが上がってもキーボードの位置を色付きで示してくれるので、低学年の子ども達でも簡単に取り組むことができる。

　次に、「あかねこローマ字スキルデジタルサポーター」に取り組む。

　このサイトの優れているところは、「キーボード表記を『大文字or小文字』に切り替えることができる」ことである。多くの端末は大文字表記だが、chromebookは小文字表記であるため、この機能はとても便利である。

「プレイグラムタイピング」

**「あかねこローマ字スキル
デジタルサポーター」**

「キーボー島アドベンチャー」

　この「あかねこローマ字スキルデジタルサポーター」に子ども達が熱中するように、専用の「ルーブリック表」（北海道・塩谷直大氏作成）を活用する。

　ステップ1の指の練習からはじまり、4枚のJamboardが準備されているため、子どもが主体的に取り組むことができる。

　子ども達がタイピングに慣れてきたら、「キーボー島アドベンチャー」で、記録を残すようにする。

　現時点で考えるタイピング練習サイトの系統を、以下に示した。

内容／学年	低学年	中学年	高学年
初級から中級	マナビジョンタイピング プレイグラムタイピング	あいうえお早打ち	マイタイピング
中級から上級	あかねこローマ字スキル デジタルサポート	寿司打	キーボー島アドベンチャー Typing Tube

長時間のプレゼン作りは もうやめよう

NG 指導
▶ PC を交代で使ったプレゼン作成
▶ できる子だけが入力する

活用アプリ
Googleスライド

1．よくある「プレゼン作成」の光景

　総合的な学習の時間をはじめ、近年では各教科において、児童が調べ活動を行い、プレゼンをする学習活動が増えてきている。

　1人1台端末以前は、調べたことからプレゼンテーションを作成する際、グループの中で力の強い子や、得意な子がキーボード入力を担当し、その他のメンバーがお客さんになりがちであった。また、入力する順番を決めるなどの工夫をしたとしても、待ち時間が発生してしまい、待てない子が出てきたり、順番をめぐるトラブルに発展したりすることも多かった。

2．待てない原因

　衝動性の強い子にとって順番を待つことは多大なストレスになる。

　『発達障がい児本人の訴え』に出てくる龍馬くんは、次のように述べている[1]。

> 『待つこと』は一番たいへんです。
> いつも動き回っている僕にとって、静かにしている、待っているというのは、間違いなく不可能です。

　このことを、脳科学者・平山諭氏は、次のように解説している[2]。

> 龍馬くんは、「目的がはっきり分かっているときだけ、動かなくてすむ」と言っている。
> 目的とは、見通しが立つということである。安心感にもつながるのだろう。

　見通しが持てないのは、彼らの「実行機能の弱さ」にある。実行機能は、「行動を分析し、組み立て、優先順位をつける」機能を司る。この機能が低下することにより、見通しがもてないことから、どう行動したらいいか分からず、場当たり的な行動をしてしまう。

　そのため、見通しをもたせたり、個々の役割を明確にしたりするなどの配慮が必要になる。

3．ここまでやっておこう!!　ICT活用の下準備

「ことわざ・故事成語まとめ」
Googleスライド

STEP❶　「Googleスライド」の新しいページを作成する。

STEP❷　「タイトル」「はじめに」「観点①」「観点②」「終わりに」など、数に応じてスライドを作成する。

STEP❸　スライドごとに担当する児童の出席番号を入力しておく。

STEP❹　Google ClassroomなどでグループごとのURLを作成し子どもに配信する。

4．「共同編集」すれば待つ子がいなくなる

　スライドを1人だけで作成するのではなく、「スライドごとに分担を決めて同時進行で作成すればよい」のだ。

　Googleスライドはクラウドで共同編集をすることを前提に作られている。担当するページが決まっていれば、4人でも5人でも同時に1つのスライドに取り掛かることができる。

　端末には、自分が編集している画面が表示されるので、他の子に気をとられることもない。また、何を書けばよいか分からない子にとっては、ページを切り替えれば他の子の作品を見て参考にすることもできる。

　Googleスライドで、プレゼンテーションを作成する時、

教師が事前に「テンプレート」を作っておく

とよい。使い始めたころは、子ども達もどのようにデザインすればよいか分からない。テンプレートがあれば、安心して作業できる。

　共同編集で気をつけなければいけないことは、誤って友達のスライドに書き込んでしまったり、内容を消してしまったりすることだ。その場合にも慌てる必要はない。「ファイル」→「変更履歴」→「変更履歴を表示」を選択し、復元させたいファイルを選べばすぐに復元することができる。共同編集にトラブルはつきものであるが、このような対策を知っておくだけで落ち着いて対処することができる。

読み取りにくい、ぐちゃぐちゃの マップづくりでは意味がない

NG指導
▶その場限りでのマップの作成
▶狭い箇所へ複数人で書き込む

活用アプリ
Google Earth

1．情報の整理が難しい子ども達

「マップづくり」では、拡大印刷した地図にカラーシールを貼る活動を行うことがある。黒板の前に子ども達が集まり、迷いながら貼る。そのほかにも地名や通学路を書き込んだり、危険な箇所の目印をつけたりしていく。発達障害を抱える子の中には、「情報の整理」が苦手な子がいる。そのため、狭い場所にたくさんの情報を書き込むマップづくりの活動では、混乱し、ぐちゃぐちゃにしてしまう。

2．「見やすさ」を意識した対応する

学習障害（LD）傾向が強い子どもには、以下の特徴がある[1]。

・聞いて理解する力に困難がある。

・見て理解する力に困難がある。

・物の位置関係を把握する力に困難がある。

マップづくりでは、地図を見て（見て理解する）、自分のイメージする場所を探して（物の位置関係）、シールを貼ったり書き込んだりする活動をすることが多い。これは、学習障害（LD）傾向が強い子どもには、非常に困難である。

特に、クラス全員で拡大地図に書き込む活動の場合、友達の書き込みに気を取られたり、友達の書き込むスペースを意識せずに書き込んでしまい、マップがぐちゃぐちゃになってしまうこともある。こういったことを防ぐため、「見やすさ」を意識した対応が重要になる。

3．ここまでやっておこう!!　ICT活用の下準備

解説動画

STEP❶　「Google Classroom」でクラスを作成する。

STEP❷　作成したクラスに対象の児童生徒を参加させる。

STEP❸　「Google Earth」のリンクを取得しておく。

STEP❹　「Google Earth」のリンクを「Google Classroom」に貼り付ける。

４．イメージしやすく、整理しやすい「Google Earth」

マップづくりで重要なことを２つ述べた。

・地図がどこを示しているのかイメージする。

・見やすい書き込みをする。

これら２つを兼ね備えているのが、Google Earthである。

カラーで、立体的。検索もできる。そのため、いつも見ている風景に限りなく近い様子から目的地を探すことができる。「ストリートビュー」機能を使えば、自分があたかもその場に立っているかのような様子を見ることができる。そのため、見て理解することに困難さがある子どもにも優しい。

また、Google Earthには、「プロジェクト」機能がある。これは、地図上に書き込みができる機能である。リンクをシェアすれば、複数人で１つのマップに書き込むことができる。つまり、オンライン上でマップづくりができる。

Google Classroomに送られているリンクを開き、Google EarthのWeb版を起動する。

子ども達には、次のように指示する。

自分達が調べてきたところを、１人１つ以上マップに「ピン」を作りなさい。

▲ビジュアル的に美しく、整理されている「Google Earth」。

「ピン」と呼ばれる小さな印には、詳細を書き込むところがある。ここに名前を書かせることで、誰がやったかが明確になる。

▲詳細のところに「名前」を書き込ませることで、誰が書いたか明確にする。

もちろん、オンライン上なので、編集、削除も容易にできる。何度もでもやり直しが可能であることも、全ての子どもに優しい要素の１つである。

聞いたことに「反論を書け」と言われても できない子がいる

NG指導
▶他の子の意見が分からない討論指導
▶聴覚情報のみが飛び交う討論指導

活用アプリ
Padlet

1．討論の活動に参加しにくい子ども達

　近年の授業の中では、主体的・対話的深い学びの流れの元で「討論」の授業への関心が高まってきた。しかし、全員が意見を述べ、熱中した討論指導を行うことは極めてレベルが高いことだ。討論で重要なのは反論を出すこと。反論によって意見が深まり、議論が白熱していく。しかし「反論を考えましょう」と言っても、子ども達はなかなか書けない。聴覚情報だけで討論を行おうとすると無理が生じる。

2．「聴覚」だけでなく「視覚」を活用した討論を構成せよ

　討論の授業では、子どもがそれぞれもっている意見を出し合うため、情報量が多くなる。言葉だけの討論では、どんな意見が出たのか全ての子どもが把握することができない。この現象は、ワーキングメモリで説明できる[1]。

> 知的活動を遂行するために必要な情報を一時的に保持しながら、情報処理を行う脳の働きのことを示す。特に、認知や実行機能を担う前頭前野を中心とした高次脳機能と関連する。
> このワーキングメモリにおける処理資源の容量には限界がある。
> 記憶保持や処理の容量を超えてオーバーフローすると、認知や行動ミスが生じる可能性もある。

　では、ワーキングメモリの容量の限界は、どの程度か。ジョージ・ミラー教授によると、無機質な数字で「7±2」、ネルソン・コーワン教授は「4±1」と提唱している。

　ただし、発達障害の子の場合、ワーキングメモリが1～2しかない子がいる。つまり、2つ以上のことを同時に行うことは難しいことになる。

　よって、討論のように様々な意見が飛び交うような授業においては、「誰がどんな意見を持っていて、今どんな話の流れになっているのか」が分からなくなる子がいてもおかしくない。意見を黒板に列挙し、それを見て反論していくのが通例だが、その流れでは今出てきた新たな意見は音声として流れていってしまう。

3．ここまでやっておこう‼　ICT活用の下準備

STEP❶ Padletを検索し、開く。

STEP❷ 「Padletを作成」を押す。

STEP❸ 討論のテーマに合うフォーマットを選択する。

STEP❹ ページURLをコピーし、子どもに配付する。

4．全員の意見が可視化され、どの意見に何人がどんな理由を持っているのかが分かる

　全員の意見を把握することができる。かつ、コンパクトに時間をかけずに行うために、「Padlet」を使用した討論の授業を紹介する。

　国語の授業で、「クライマックスはどこか？」というテーマで討論すると仮定する。フォーマットは「シェルフ」を選択。上部のセクション欄には段落番号を振っておく。子ども達は教師から送られてきたURLを開き、すぐに入力できる状態にする。

> 自分の意見に当てはまる場所に、名前と意見を書き込みなさい。

と指示を出し、子どもが書き込んでいく。

　Padletのコメント機能を使えば、反論を直接書き込むことも可能になる。

　今まで音声のみだった意見が、全てPadlet上に表記されることになる。子ども達には、次のように指示する。

> Padlet の友達の意見を1つ選んで、反論を書きなさい。

　これなら、ワーキングメモリの少ない子でも、Padletに書かれた意見を見ながら反論することができる。友人の意見を基に意見を変更する場合も、自分の記入したものをドラッグ＆ドロップで変更先のところに動かすだけでよい。

　Padletを使えば、どの子も討論の授業に積極的に参加できるようになる。

第3章

オンライン授業 編

時間がかかりすぎる「入室管理」

NG指導
▶全員が入室するまで何もしないで待つ
▶「遅い！ もっと早く来なさい！」と叱る

活用アプリ
Zoom　など

zoom

1. 決められた時間に入室できない子ども達

　Zoomなどのオンライン会議システムを使ったオンライン授業。入室時間になっても入室してこない子達がいる。パラパラと入室してくる子ども達。教師は全員が入室するまで待っている。「まだ太郎くんと花子ちゃんが入室していませんね」。時間どおりに入室した子ども達は画面の前でじっと待っている。そこへやっと太郎くんが入室してくる。

　教師は、「太郎くん！ 遅い！ もう入室時間はとっくに過ぎています！ もっと早く来なさい！」と指導するが、花子さんはまだ入室してこない。最後の1人が入室するまで授業は始まらない。

　そのうち待っていられなくなった子ども達が画面の向こう側で別のことをやり始める。中には画面をオフにしてパソコンの前から離れたり、Zoomから勝手に退出したりする子も出てくる。「何度言ったら分かるの！ 今、花子さんを待っています。じっと待ちなさい」と叱責してしまう。全員が入室するまで何もしないで待つのは、NGである。

2. 特別支援を要する子どもは「じっと待つ」のが苦手である

表4　高機能自閉症児に特異的な行動理由[(1)]

共通する振る舞い	高機能自閉症児に特徴的な理由
○話しかけても聞いていない。 ○声のする方向を見ない。	社会性の欠如や言語発達の遅れがあるために、自分に向かって話しかけられていること（求心性）が分からず、人の声の重要性に気づいていないので自然に注意を向けることができない。
○順番を待つことが苦手、割り込みをする。 ○多弁。	社会的状況の読み取りに困難があり、何がその場にふさわしい行動なのか分からない。
○退屈で努力を要する仕事をするのを嫌がる。 ○落ち着きがない。座っていなければならないのに席を離れる。	その課題が苦手だからではなく、単に興味がないから。
○気が散りやすい。	雑音や他人の動きに気を取られるのではなく、自分自身のファンタジーや思惟・興味に没頭している。

▲出典：Ozonoff, S. *et al.* (2002)　*A PARENT,S GUIDE TO ASPERGER SYNDROME & HIGH-FUNCTION AUTISM*, 40-41.

　特に、高機能自閉症児に特徴的な理由がある。順番を待つことが苦手で、割り込みをする。社会的状況の読み取りに困難があり、何がその場にふさわしい行動なのか分からないのである。

3．身につけよう‼　オンライン授業の初級スキル

スキル❶ アイスブレイク（簡単な遊び）をしながら入室を待つ。

解説動画

　どうしても全員がそろうまで待たないといけないこともある。早く入室した子、時間どおりに入室した子が損をするようでは、遅れて入室してくる子が増える。「時間どおり入室してよかった」という体験が必要だ。

　例えば「後出しジャンケン」をしながら待つ。

「先生と同じのを出すんだよ。ジャンケン、ほい！」

　後出しジャンケンなので、インターネット回線スピードが遅い子にも対応できる。何度か繰り返しながら楽しく進める。

「今度は、先生に勝つのを出すんだよ。ジャンケン、ほい！」

「今度は、先生に負けるのを出すんだよ。ジャンケン、ほい！」

　負けるのを出すジャンケンは意外と難しい。Zoomでも楽しく盛り上がる。

「最後。先生と同じのを出すんだよ。ジャンケン、ほい！」

　遅れて入室してきた子も「なんだ？　なんだ？」と知らないうちにジャンケンに参加する。

　全員が入室する頃合いを見て授業を始める。

　他にも「先生クイズ」「船長さんの命令」「手遊び歌」「フラッシュカード」など、普段の教室でやっている遊びや簡単な学習活動もできる。とにかく「活動させる」ことがポイントだ。

解説動画

スキル❷ 普段の授業でZoomの操作体験をさせる。

　防災訓練と同じである。災害が起こった後に訓練しても本末転倒である。日常的に備えておくからこそ、非日常や緊急事態に対応できる。

　子ども達が普通に登校できている間にZoomの基本操作を体験させる。Zoomへの入退室、マイクやビデオのオンオフ、背景の設定やチャットの使い方など。

　目の前に子ども達がいるので、上手く操作できない子もその場でサポートできる。隣同士で教え合うこともできる。オンライン授業が始まってから基本操作を教えるのでは遅い。数分でできる指導だ。日常的に教えておくことが大切である。

音声が聞こえず、置き去りにされる子ども達

NG
指導

▶音声が聞こえていないことに気がつかない
▶トラブルへの対応で授業が進まない

活用アプリ
Zoom　など

1．音声が聞こえていないことに気がつかない教師

　オンライン授業で、最も多いトラブルは「音声トラブル」だ。映像配信は何とかなる。音声配信は難しい。ハード面、ソフト面、インターネット通信環境など原因は様々だ。

　画面に向かっていつものように話しかけて授業しているのに、子ども達の反応がおかしい。

　気づいたなら対処できる。

　しかし、オンライン授業に慣れていない場合、気づかないまま授業を進めてしまい混乱する。

　画面越しに見ると、音声の聞こえない子ども達はじっと静かに参加しているように見える。

　子どもは「先生、何か話しているけど聞こえないなあ。みんなも聞こえていないのかなあ」と不安になる。オンライン授業では隣に友達がいない。状況を確認できない子ども達は、やがて不安がピークになりZoomから退出してしまう。後になって保護者からクレームの連絡が届く。

　音声トラブルに気づかず対応できなかったNG対応だ。

　逆の例もある。音声が聞こえない子がいることに気づき「トラブル解消に集中しすぎる」教師がいる。いろいろ試すが一向に解決されず、他の子ども達はじっと待っている。授業も進まない。

　これもよくあるNG場面である。

2．子ども達の多くはオンライン授業を「不安である」と感じている

表10　6つの項目において主に浮上したオンライン授業に対する否定的な認識[1]

授業への態度	理解不足, 教師への質問のしにくさ, 習得への不安, 関わりの減少, 課題への否定的感情
言語への自信	習得への懸念, 交信のしにくさ, オンライン授業への不適応, 理解不足
不安	英語力の向上への不安, 低下への懸念, 理解不足, 知識不足, 質問機会の消失, コミュニケーション機会の減少
教師への態度	課題の多さ, 教え方への不満
達成感	学習方法・回答方法への不満, 協力の欠如
関係性	関係性の希薄化, 友人との関わりの欠如, グループ活動の減少

　本研究では「オンライン授業に対する否定的な認識」として、共通している特徴（表10内の太字部分）を整理している。Hauck and Hurd (2005) は、オンライン授業では、教師の即時フィードバックや個人の進捗状況のチェックが足りないことで学習者が不安になると述べている[2]。適宜個々の学習者の理解度の確認とフィードバックが重要であると言えるだろう。

3．身につけよう!!　オンライン授業の初級スキル

解説動画

スキル❶ 授業前に「教師側の音声チェック」をする。

「先生の声、聞こえますか？　聞こえていたら（カメラに向かって）手を振ってごらん」

　この作業指示を授業開始前に入れると確認できる。

　ほんの数秒でできる。全員が手を振っていれば授業を進める。誰も手を振っていなければ、教師側のパソコンにトラブルが起こっているということが分かる。

　次のことを教師側のパソコンで確認する。

　①ミュートになっている。（Zoom側のミュート、パソコン本体のミュート）

　②Zoomにオーディオ接続していない。

　③その他（教師側のマイクの故障など）

解説動画

スキル❷ 授業前に「教師の声が聞こえていない子」を見つける。

　教師側に問題がないことを確認し、指示をくり返す。

「先生の声、聞こえますか？　聞こえていたら（カメラに向かって）手を振ってごらん」

　ほとんどの子どもが手を振っていて、何人かが振っていないことがある。手を振っていない子どもがいれば「教師の声が聞こえていない」ということだ。個別に名前を呼んで、念のため確認をする。「○○さん、先生の声が聞こえていたら手を振ってみて。」反応がない場合は、子ども側のパソコン（スマホやタブレット含む）で何かしらトラブルが起こっている。考えられる原因はいくつかある。

　①音声がミュートになっている。（もしくはスピーカーの音量が「0」になっている。）

　②Zoomにオーディオ接続していない。

　③イヤホンが繋がっている。（イヤホンを耳に付ければ聞こえる）

　④その他（インターネットの回線速度など）

　ほとんどの場合、ちょっとした設定の問題だ。どうしてもトラブルが解消できない場合は、チャットで自習課題を連絡し、後から「授業の録画」を送るなどしてフォローする。

できているかどうか確認せずに次々と進む授業

NG指導
▶教師が一方的に話し続け、子ども達は聞くだけ
▶教科書やノートなどを使わず説明ばかりする

活用アプリ

Zoom　など

1．オンラインでの基本的な確認をしない授業

　普段の教室での授業でも、オンライン授業でも「できているかどうかの確認」はとても大切だ。初期段階でのオンライン授業は、子どもにとっても教師にとってもハードルが高い。

　緊張もするし不安も強い。パソコン画面の前に1人で座っているからだ。

「隣の人とノートを見合ってごらん」「隣の人と相談」「班で話し合ってごらんなさい」

「できた人は先生のところへノートを持ってきなさい」などの学習活動ができない。

　子ども達同士で活動できない分、何とかして教えようとして教師は頑張る。

　その結果説明が長くなり、一方的に話し続ける授業になってしまう。NG指導だ。

　教師の説明が長ければ長いほど、子ども達は教師の話を聞かなくなる。

　一方的に話し続けるので、教科書やノートを使うこともほとんどない。

　少しでも分かりやすいようにと板書を始める。

　Zoomのカメラに映るのは教師の背中と、黒板に書かれたたくさんの文字だけ。

　聞こえてくるのは教師の長い説明だけ。ノートに書き写すのかどうかも分からない。

　一生懸命に授業を進める教師の気持ちとは裏腹に、子ども達は退屈に耐えきれなくなる。

　これもNG指導だ。

2．確認と賞賛を使って「脳のやる気」を引き出す

　褒められた人は、脳内のA10神経が刺激されドーパミンが放出されることで強い幸福感に包まれるということが分かっている[1]。ドーパミンとは快感ホルモンであり、脳は強い快感を覚える。その快感を再び得るために頑張ろうとするので、A10神経は「やる気神経（または自己報酬神経群）」とも呼ばれている。

　人を褒めることで脳が活性化して思考力が鍛えられる上に、前向きになってやる気もでる。

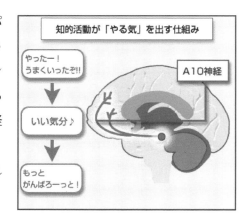

３．身につけよう!!　オンライン授業の初級スキル

スキル❶　「作業指示」と「確認」をセットにする。

解説動画

　普段の教室での授業もオンライン授業も、基本的に教師の「発問」と「指示」によって授業が進む。

　どちらがより重要かと言われれば「指示」である。

　「明確で、分かりやすい指示」を出すことで子ども達の学習活動は成り立つ。指示の出しっ放しはよくない。必ず「確認」をセットにする。

「練習問題１番をノートに解きなさい。（指示）

　できた人は顔の横に手をあげなさい。（確認）」

「ここまでをノートに写しなさい。（指示）

　写せた人は、カメラに向かってノートを見せてごらん。（確認）」

　オンライン授業では、とりわけ「確認」が大切だ。パソコンの画面越しでも「先生はちゃんと見てくれている」という状況を作らなければならない。確認したら名前を呼んで褒める。

　① 短く指示を出し、　② 短く作業させ、　③ 短く確認し、　④ 短く褒める。

　このサイクルをうまく作るのがポイントだ。

解説動画

スキル❷　次に誰を指名するか予告して発表させる。

　普段の教室では列指名などで、次々と確認することができる。

　オンライン授業では列指名がなかなか難しい。

　そこで、あらかじめ「指名の予告」をしておく。

「次、太郎くんに答えてもらいますよ。（教師が問題を読む）　はい、太郎くん。答えは？」

　指名されることが分かっていればやらないわけにはいかない。

　他の子ども達にも程よい緊張感が生まれる。

　普段の教室での班をそのまま使うのもいい。

「次、１班のみんなに答えてもらいますよ。太郎くん、花子さん……。（教師が問題を読む）

　はい、では太郎くんから発表してください。」

　指名して発表させることで、やっているかどうか「確認」できる。

終始「仏頂面」で授業をする教師

NG指導
▶最初から最後までにこやかな笑顔がない
▶褒め言葉がなくあれこれ注意ばかりする

活用アプリ

Zoom　など

1．オンラインでの「教師の笑顔」を意識しない授業

「先生は私のことを見てくれている」という状況を作り出す。

　安心感と緊張感は、教師のオンライン授業スキルに左右される。

　熱中する授業には、安心感と緊張感が欠かせない。

　とりわけオンライン授業では「教師の笑顔」は授業に大きな影響を与える。

　Zoomなどのオンライン会議システムを使って授業する場合、教師の顔が画面に大きく映る。

　怖い表情をしていれば、普段の教室以上に怖く見える。文句なしのNG指導である。

　さらに褒めることなく注意ばかりする。

「話を聞いているのか！」「声が小さい！　もっと大きな声で！」「元気がないぞ！」

　オンライン授業は参加するだけで緊張する子、不安で落ち着かない子もいる。

　怖い表情で注意ばかりされると、緊張や不安は高まるばかりだ。

　画面いっぱいに映し出された怖い表情で注意されたらもうたまらない。

　パソコン画面の前から逃げ出したくなる。NG指導だ。

2．オンライン授業で「教師の笑顔」は重要な要素の１つ

「教師の表情とクラス雰囲気との関連性の検討」という研究論文がある。

　本研究では、小学校の授業場面における教師の表情とクラス雰囲気との関連性について検討を行った。その結果、教師の表情は、クラスの雰囲気に強い影響を与えていることが明らかとなった。教師の表出した表情は、児童の授業態度に影響を与えることが示唆された[1]。

---

① 笑顔が特徴的な教師のクラスは、統一感や親愛感がある雰囲気であった。

② 驚き顔が特徴的な教師のクラスは、厳格感がある雰囲気であると評価されていた。

③ 怒り顔や嫌悪顔が特徴的な教師のクラスでは、統一感や親愛感，厳格感が低いといったネ
　ガティブな評価であった。

　まさに、「教師の笑顔」は重要な要素の１つだといえる。

3．身につけよう!!　オンライン授業の初級スキル

スキル❶ 最初から最後までにこやかな笑顔で授業する。

オンライン授業の場合、子ども達には「教師の表情」が飛び込んで来る。笑顔で授業すれば、普段の教室での授業以上に効果も大きい。子ども達も自然と笑顔になる。

オンライン授業では、教師自身もパソコン画面に表示される。**画面に映っている自分が今、笑顔なのかどうかを確認しながら授業を進める。**

パソコントラブルなどが起こると、焦って笑顔ではなくなることがある。

そんな時も笑顔で楽しそうに対処するのがポイントだ。

初期段階では教師もオンライン授業に慣れていないので不安な表情になりがちである。

そんな時は、作り笑顔でもいいので、ほんのちょっと無理して笑顔を作ってみる。

不思議なもので、笑顔で授業すると楽しい気持ちになってくる。

楽しい気持ちになってくれば、子ども達への注意も少なくなる。

笑顔で楽しんでいる子、真面目に頑張っている子の姿がよく見えるようになる。

スキル❷ 授業開始前に笑顔の練習をする。

笑顔なんて練習するものではないと思っている人がいるかもしれない。しかし、人と接して人前で何かを話す仕事をするあらゆる職種の人達は笑顔の練習をしている。

テレビのアナウンサー、店員さん、キャビンアテンダント、芸人、看護師などみんな素晴らしい笑顔で話している。子どもの前に立って授業する教師も笑顔を練習した方がいい。笑顔で授業すると、それだけで楽しい雰囲気になる。子ども達もにこやかになり、学級全体がいい雰囲気になる。オンライン授業を始める前、鏡の前で（パソコン画面でもいい）とびっきりの笑顔を作ってみる。その笑顔のままオンライン授業を始めよう。

「画面共有機能」だけで
できた気になっていないか

NG 指導
- ▶ スライドばかり見て子どもの様子を見ない
- ▶ スライドを見せながら長い説明をする

活用アプリ

Zoom　など

1．スライドを使うあまり「プレゼン型」の授業をする教師

　Zoomなどのオンライン会議ツールには「画面共有機能」がついている。教師が作った PowerPointなどのスライド資料を画面いっぱいに大きく映すことができる。オンライン授業では黒板を使いづらいので、PowerPointの資料を画面共有して使う場合が多い。初めて画面共有した時は、何だかすごいことができた気分になる。画面共有機能を使って、教師が楽しく授業するのは良いことである。

　しかし、ほとんどの場合「プレゼン型」の授業に陥ってしまう。スライドを次々と見せて教師だけがずっと説明する。力の入った長い説明をする。一見すると楽しく授業をしているように見えるが、子ども達からすれば「YouTube」を見ているのと同じ感覚になる。話を聞いているだけだからだ。NG指導である。

　また、写真やイラストがなく文字ばかりぎっしりと書かれているスライドもNGだ。スライドに書かれていることを長々と読み聞かされても楽しくない。集中力も保てない。子どもに読ませたり、一緒に読んだりする工夫が必要だ。

2．低学年ほど「教師の顔」に注目する傾向がある

表4　児童における対象ごと累積注視度数（すべての学級間で比較）[1]

	教師の視線配布 スタイル	教師	児童 話者	児童 次話者	その他 児童	机の上	黒板	不明	その他
1年A組	黒板注視	1310 ▲	949 ▲	169	66 ▽	788 ▽	210 ▽	30	798
1年B組	非話者注視	1832 ▲	166 ▽	366 ▲	133 ▲	622 ▽	58 ▽	14	769 ▲
3年A組	黒板・非話者注視	301 ▽	80 ▽	1 ▽	36	1102 ▲	211 ▲	27 ▲	402
3年B組	話者注視	472 ▽	1082 ▲	236 ▲	27 ▽	162 ▽	30 ▽	10	501 ▲
5年A組	話者注視	1177 ▲	1173 ▲	15 ▽	50 ▽	488 ▽	451 ▲	19	587 ▽
5年B組	黒板注視	243 ▽	78 ▽	13 ▽	130 ▲	1929 ▲	246 ▲	13	588

　　注　▲は残差分析の結果，5%水準で有意に高い値であったことを示し，▽は5%水準で有意に低い値であったことを示す．一柳（2009b）における有意水準の記述法を参考にした．

教師と子どもの「視線」についての研究である。本研究では次のことが分かっている。

①同学年内で差がなく、かつ有意に高かったものとしては、1年生の「教師」および5年生の「黒板」の2つのカテゴリーがあった。

②1年生は他学年と比べると相対的に教師に視線を向ける頻度が高く、逆に机の上や黒板には視線を向けることが少なかった。

3．身につけよう!!　オンライン授業の初級スキル

スキル❶ オンラインでの見え方に配慮して教材を提示する。

　PowerPointなどのコンテンツを使って授業する場合、「**子どもの画面でどう見えているか**」**のチェックが必要だ**。

　教師のパソコン画面と全く同じ画面が見えているとは限らない。可能なら、教師用の「予備端末」でオンライン授業に入っておく。

　こうすれば、子どもの画面にどう見えているかを確認しながら授業できる。

　また、**インターネットの速度やパソコンの性能によって、提示している資料がきれいに配信されないこともある**。

　動画やアニメーションの場合、カクカクした動きになっていたり、音ズレ（画面と音がズレる現象）が起こったりもする。

　ファイルサイズを小さくする、解像度を下げるなどして対処する必要がある。

解説動画

スキル❷ 「ピクチャーインピクチャー（PinP）」機能を使う。

　ZoomでPowerPointを使って授業をすると、教師の姿が見えなくなる。映っているスライドを見るだけの退屈なプレゼン型授業になってしまう。

　ZoomのPinP機能を使えばPowerPointのスライドを背景にして、教師の姿も映し出すことができる。

手順1：Zoomの「画面の共有」をクリックする。

手順2：「詳細」を選択する。

手順3：「バーチャル背景としてのPowerPoint」
　　　　をクリックする。

手順4：使用するPowerPointのファイルを選択する。

手順5：バーチャル背景がPowerPointのスライドになり、その右側に教師が映る。

手順6：マウスで自分の映像位置とサイズを調整する。

　スライドの中に教師の姿が映るので、子ども達も安心してスライドを見ることができる。

45分間、子どもが聞いているだけの授業

NG指導
▶子どもの学習活動が全くない
▶「発問・指示」と「確認」が全くない

活用アプリ

Zoom　など

1．何をすればいいのか分からない曖昧な発問・指示を出す教師

　オンライン授業でも普段の教室のでも「発問・指示」と「確認」は大切だ。「発問・指示」が全くない授業を教室で行うとどうなるだろうか。低学年なら耐えきれず体を動かし始める。何をすればいいのか分からないのでつまらない。

　その内「立ち歩き」する子や「些細な喧嘩やトラブル」を起こす子が出てくる。ずっと話し続けていた教師は、途中から大声で注意するようになる。「ちゃんと席に座りなさい！」「いい加減にしなさい！　何回言ったら分かるの！」オンライン授業でも同じようなことが起こる。長い説明だけをずっと続けていると、何人かの子どもはフレームアウトする。

　Zoomの画面から見えなくなるのだ。自宅の様子は分からないので戻ってくるのを待つしかない。が、ほとんどの場合は戻ってこない。じっとしていられなくなり離席してしまう。NGだ。高学年にもなると「先生、教科書とってきていいですか？」「トイレに行ってもいいですか？」

　など一応は質問する。許可するとしばらく戻ってこない。ずっと話を聞いているだけでつまらなくなったからだ。画面の前にいなければ対応しようがない。同じくNGだ。

2．子どものワーキングメモリと教師の「長い説明」

　クラスには「ワーキングメモリ指標（WMI）が低い子」がいる。次のような困難さを抱えている。「①耳で聞いた情報が認識できない」「②耳で聞いた情報が記憶できない」「③意味のないものが記憶できない」「④頭の中で情報を整理できない」「⑤集中力がもたない」などである。授業中、先生の声に集中できず理解することが難しい。では、実際にワーキングメモリ指標（WMI）が低い子には、どのような対応をすればよいのか[1]。

・聴覚ではなく、視覚から情報を入れる	・聴覚からの情報はシンプルにする
・分かりやすいことば(単語)で伝える	・代名詞ではなく、具体的な単語を用いる
・分かりやすい例に置き換えて伝える	・メモを活用する

3．身につけよう!!　オンライン授業の初級スキル

スキル❶ クリアで通る声で授業を始める。 第一に「教師の声」を意識する。

解説動画

　オンライン授業では、自分の声が相手にどのように届いているかが分からない。

　可能ならオンライン授業を録画して確認するといい。

　オンライン授業は、どうしてもパソコンやマイク機材の「クセ」に影響されてしまう。自分では普通に話していても、「音が割れている」「音がつぶれている」こともよくある。録画を見ればすぐに分かる。聞きづらい音声なら、話を聞けないのも無理はない。

　例えば、**パソコンのマイクから少し離れて話す、近づいて話すなど距離を微調整してみる。**

　パソコンのマイクに問題がある場合は、別のマイクを用意する。オススメは「Jabra Speak 510」だ。消耗品として購入できる金額で使い勝手もいい。接続方法も簡単で、休み時間に担任１人で セッティングできる。

スキル❷ 第一発問・指示で全体を動かす。

解説動画

　オンライン授業でなくても大切なスキルである。 授業の開始場面で、まず全体を動かす発問・指示を出す。できるだけシンプルなのがいい。

（１）「**読ませる**」

（２）「**書かせる**」

（３）「**(資料やモノを)見せる**」

などだ。イメージとしては、授業開始15秒以内に子どもが学習活動に取り組んでいることが望ましい。説明しない。まずは活動から授業に入る。ずっと話し続けるのではなく、途中に活動を取り入れる。これだけで子どもの集中力が全く違ってくる。その上で、オンライン授業の初期段階では「**45分の一斉授業をしようとしない**」ことも大切だ。10分ほど全体で課題を説明した後、答え合わせや発表の時間を告げて「個人学習」の時間をとる。時間になったらまた全体で集まり、できたかどうか確認する。「個人学習」の時間をうまくマネジメントすれば、子ども達も授業に参加しやすくなる。

「先生に見られている」という緊張感がない授業

NG指導
▶子どもに目線を合わせず違う方向を見ている
▶子どもを指名しない、名前を呼ばない

活用アプリ
Zoom など

1．オンラインの授業中、ずっと子どもに目線を合わせない教師

　普段の教室での授業では、教師の「立ち位置」を意図的に変えることができる。

　教師が近づいてくれば心地よい緊張感を作り出せる。

　子どもの横に立てば「先生に見られている」という感覚も高められる。

　オンライン授業ではこれができない。したがって「子どもへの目線」が大事になる。

　目線が合えば「先生に見られている」という緊張感がある。

　逆にそうでない場合、やってもやらなくてもいい状態を作り出してしまう。

　それとなく教師の話を聞いているだけの状態になる。NGだ。

　指名されない、名前を呼んでもらえない授業も緊張感がなくなる。

　45分の授業で一度も子どもを指名しない授業は、テレビ番組を見させているのと同じだ。

　名前も呼ばれず指名もされないのなら、Zoomに入室してパソコン画面の前にいる意味がない。やがて子ども達は、授業と関係のないことをコソコソとやり始めるようになる。Zoomのカメラには映らないように注意しながら。NG場面である。

2．どれくらいの時間「目線」を合わせると、子どもは「先生に見られている」と感じるのか

　Kendon（1981）は視線に関する研究を行い、その機能を以下の4つに分類している[1]。

　第1は「認知機能」。相手に注意を向けている、意思疎通の希望があることを示す働きである。

　第2は「フィードバック機能」。次の行動の指針となるフィードバックを与える働きである。

　第3は「調整機能」。会話の調整（会話を行う順番の調整）の働きである。

　第4は「表現機能」。態度や情動を相手に伝える働きである。

特に、**相手に好意を示している場合には、視線活動の量は増える**。また、表現機能については、恋愛関係にある場合もしくは魅力ある相手との会話場面では視線活動が増えることが示唆されている。しかし、**5秒を超えるような凝視 (gaze) は、非常に親しい間柄ではより強い好意の表明に結びつく**が、関係性によっては敵意や性的関心につながり、相手に不快感を与える場合がある。

3．身につけよう!!　オンライン授業の初級スキル

スキル❶ 「カメラを見る目線」や「教材を見る目線」を効果的に使い分ける。

　オンライン授業で子どもと目線を合わせるのは、それほど難しくはない。メインカメラを見ればいい。

　まずは、**必要な場面でさっとメインカメラを見る練習をする。**

　目の前に子どもがいるわけではないので、初期段階では少し戸惑うかもしれない。慣れが必要だ。

　子ども達が映っている「ギャラリービュー」を見ながら話すと、子ども達と目線が合わない。

「ギャラリービュー」を見て、「○○さん、読んでごらんなさい」と指名したとする。

　子どもが話しはじめたらすぐに「メインカメラ」を見るようにする。

　メインカメラを見れば子ども達と目線が合う。このようなちょっとした技術を使いこなすのがポイントだ。

　次に、**教材を見る目線を練習する。**

　オンラインでの授業中、ずっと教師がメインカメラを見ていると子どもは疲れてしまう。

　ときにはPowerPointなどのスライド資料に目線を移動させ、また必要な時にメインカメラを見る。

スキル❷ 全員の作業の様子を確認しながら授業をすすめる。

　パソコンの画面越しでも「先生はちゃんと見ている」という状況を作らなければならない。そのためには、指示を出した後に「確認」することが大切だ。

「できた人は顔の横に手を挙げなさい」

「書けた人は、カメラに向かって先生にノートを見せてごらん」

　確認したら名前を呼んで褒める。緊張感も高まる。

「ギャラリービュー」を見ながら列指名するのも効果的だ。

　注意や否定はせず、基本的に全て認めて褒めることがポイントだ。

しょっちゅう「3秒以上の間」があく授業

NG指導

▶子どもが作業をしているわけでもないのに教師が何も言わなくなってしまう

活用アプリ

Zoom など

1．たとえ1人の子どもでも空白の時間を作るな

普段の教室での授業では、授業中に個別指導の時間が生まれる。

課題を早く達成できた子ども達は、何をすればよいのか分からないといった状況が生まれる。

個別指導が必要な子どもが数人いれば、教師はてんてこ舞いになる。

すると、その他の大勢の子ども達への目が行き届かなくなる。

手持ちぶさたになった子ども達は、やがておしゃべりをはじめ騒ぎ出す。教室は騒然となる。

全国各地の教室でよく見られる場面だ。NGである。

日本教育技術学会名誉顧問の向山洋一氏は次のように言う。

「全体集会で話をする時、3秒以上の空白の時間を空けてはならない」

オンライン授業でも同じようなことが起こる。

パソコンの画面がうまく映らない、音声がうまく聞こえない、など些細なトラブルが起こるたびに空白の時間が生まれる。3秒以上の空白の時間があれば、子ども達はざわつき始める。

はじめの頃は何とかして場を収めることができる。これを繰り返すと手に負えなくなる。

教師の指示が通らなくなり、やがてオンライン上での「授業崩壊」になる。NGだ。

2．待てない子ども達と「脳の構造」

授業などでおとなしくできない・注意されたことを守れない・集中力がない・順番を待てない・社会的行動に問題がある・多動・攻撃性が高いなど、注意力や社会行動に関する問題行動。

これらの社会的行動・認知機能（注意力）に関与する生体内物質の1つに、「オキシトシン」がある。研究により、出産や授乳などの生理機能に関与するだけでなく、社会関係の形成や愛着行動、信頼、不安や攻撃性、ストレスへの応答性など数多くの社会的行動に関与していることが明らかにされてきた (Guastella *et al.*, 2008; Kosfeld *et al.*, 2005) [1]。特に生体への経鼻および注射によるオキシトシン投与は、人の認知能力（注意機能）への促進的な効果 (Corbett *et al.*, 2011) や、動物実験で臆病さの減少・好奇心の増加・探索行動の増加・不安軽減・学習の促進・攻撃性の減少・友好的な交流の増加 (Moberg Kerstin, 2008) を引き起こすことが知られている [1]。

3．身につけよう!!　オンライン授業の初級スキル

解説動画

スキル❶ 「何をやっていいのか分からない」という状態を作らない。

　オンライン授業でも「何をやっていいのか分からない」という状態を作ってはならない。

　先のことまで考えて手を打っておく。

　空白を作らないためには、オンライン授業における指示の原則がある。

原則1　まず全体に、大きな課題を与えよ。

　　　　しかる後に個別に確認せよ。

原則2　授業中の確認は「完全に」ではなく「短く何回も」せよ。

原則3　早く終わった子の発展課題は必ず用意せよ。

　子どもの活動や作業スピードはまちまちで、早い子もいれば遅い子もいる。

　オンライン授業でも、普段の教室の授業でも、対応の原則は大きく変わらない。

解説動画

スキル❷ トラブルには実況中継しながら対処する。

　オンライン授業には、必ずと言っていいほどマシントラブルが起こる。そんな時でも空白を作ってはいけない。実況中継しながら楽しく対処する。

「今、先生の画面が真っ黒になっちゃったね。大丈夫だよ。すぐに見えるようになるからね。一度、画面共有を取り消しますね。そして、もう一度さっきと同じファイルを選んで共有ボタンを押してみますね。あ、映りましたね。先生の画面が見えた人、手をふってみて。よく見えてるね。」

「画面が消えちゃった？　大丈夫だよ。たぶんね、別のボタンを押しちゃったんだな。下の方に赤色の丸いボタン見えますか。そのボタンをクリックしてごらんなさい。画面が映った？　よかったねえ。やっぱり大丈夫だったでしょ？」

　このように実況中継すれば空白が生まれない。教師が不安そうな表情で黙ってしまうと、子ども達も不安になる。教師側のトラブルも、子ども側のトラブルも、実況中継しながら明るく余裕をもって対処するのがポイントだ。

自分のオンライン環境を理解せずに授業を進める

NG指導
▶ 子どもに音声が届かないまま授業する
▶ 子どもに画面が見えないまま授業する

活用アプリ

Zoom　など

1．リズムとテンポが悪い授業

　Zoomなどのオンライン会議ツールには「録画機能」がついている。 自分の授業を「録画」してみると「心地よいリズム」なのかどうかを客観的に確認できる。 教師の操作画面と子ども達のZoom画面にはズレがある。

　ハード面、ソフト面からズレを改善することが大切である。 例えば、教師の音声がクリアに届かないまま授業すると子ども達は混乱する。 子ども達にどのように聞こえているのか、授業前に確認しておく必要がある。 教師側のパソコンでクリアな音声が聞こえるからといって、必ずしも子ども達に同じように聞こえているとは限らない。子どもの様子を見ながら「何か変だな」と感じ取れる力量が必要だ。例えば、教師が「画面共有」したスライドが見えないまま授業すると子ども達は混乱する。インターネットの回線速度によっては、スライドが表示されるまでにタイムラグがある。スライドが見えていないのに授業を進める、スライドが見えるまで何の指示もせずにじっと待つ、どちらもNG指導だ。

2．子ども達はオンライン授業の何にストレスを感じるのか

　オンライン授業では様々な原因によってストレスを感じる子どももいる。
　例えば次のような項目が挙げられる[1]。

---

　①操作がうまくいかない、通信状態が悪くてイライラする

　②スマホで見ていると目が疲れる、身体がだるくなる

　③集中力が保ちにくい

　④時間・空間の区切りがなくなり、メリハリをつけられない

　⑤課題が多い

　教師側のパソコン設定で解消できるものも多い。

3．身につけよう!!　オンライン授業の初級スキル

スキル❶ オンラインの回線スピード等に配慮しながら適切に指示する。

オンライン授業では「ハード面の環境整備」が大きく影響してくる。とりわけ「インターネットの回線スピード」は重要だ。回線スピードが遅いと、画面共有に時間がかかったり、音声が途切れてしまったりする。回線スピードの確認は簡単にできる。インターネットに接続した状態で「fast」とキーワード検索すればいい。次のサイトがすぐヒットする。

インターネット回線の速度テスト『Fast.com』

https://fast.com/ja/

教室にある Wi-Fi の回線スピードもすぐに調べられる。Zoomを使ったオンライン授業をする場合、上り・下りどちらも「10～15Mbps」は 最低必要だ。「上り」は、自分が情報を発信する（声を出す、画面共有をするなど）時に影響するスピードである。「下り」は、自分が情報を受信する（Zoomの画面を見る、声を聞く、画面 共有された資料を見るなど）時に影響するスピードである。PowerPointなどの資料をスムーズに画面共有するなら「30Mbps」以上が必要だ。

スキル❷ 事前準備をしてできるだけリスクを避ける。

Zoom画面がフリーズする、強制終了するなどのトラブルがある。次の事前準備が効果的だ。

まず、**パソコンを再起動する**。再起動することでメモリがリフレッシュされ通信速度も改善される。

次に、**Zoom以外のアプリ（ソフト）をすべて閉じる。**

クラウドにアクセスしているアプリや動画・音楽系アプリなどは特に負荷がかかるので要注意だ。Zoomと一緒に使うと、パソコンが映像データを処理できなくなる。その結果、Zoom画面がフリーズしたり、強制終了したりする。

もしものトラブルを想定していない授業

NG指導

▶ トラブルが起こり授業が中断する
▶ トラブル対応で教師があたふたする

活用アプリ

Zoom　など

1．トラブルに対応できず授業を中断してしまう教師

オンライン授業にトラブルはつきものである。

トラブルが起こるものだと想定して、あらかじめ段取りしておくことが大切だ。

いつ、どんなトラブルが起こるかは誰にも分からない。そういう意味では自然災害に似ている。「もしも」に備える危機管理、リスクマネジメントをしておく必要がある。

例えば、次のようなことが考えられる。

① Zoomにつながらない（入室できない）

② 授業で使う資料を画面共有できない

③ 音声が聞こえない

④ 動画を再生できない

⑤ パソコンの充電が切れる　など

他にもたくさん考えられる。教師の環境、子どもの環境によって起こるトラブルも変わる。

全て応用問題である。きっと何とかなると考え、落ち着いて適切に対処しなければならない。

あたふたして授業を中断してしまうのはNGだ。

2．オンライン授業におけるリスクマネジメント

島根県立大学では「オンライン授業における不具合」についてアンケート調査している。分析結果は右図。この結果から、具体的な不具合で多かったのは、「会議（講義）中に途切れて、授業が聞けなかった」「授業を受けにくい」「音声が聞きにくかった」「グループワークがしにくい」「オンデマンドの場合、質問が

図 11. 具体的な不具合に関するワードクラウド

しにくい」などであった。論文では「**不具合の多くは接続環境の問題やアプリケーションの不具合である。この問題は学生、教員ともにICT機器の操作に慣れていないために生じていることも少なくないと考えられる**」としている[1]。

3．身につけよう!!　オンライン授業の初級スキル

解説動画

スキル❶ トラブルを想定して練習しておく。

　Zoomなどを使ったオンライン授業で最も困るのは、強制終了（Zoomから強制退出）することだ。

　はじめて体験した時は教師でもビックリする。

　子ども達ならトラブル対応できずに授業に戻って来られなくなることが多い。

　子ども達がいつも通り登校できている日に、教室で次のことを練習しておけばいい。

Zoomに入室　→ Zoomから退出　→ Zoomに再入室

　子ども達は家からオンライン授業に参加する。Zoomが強制終了した時にサポートすることはできない。自力で再入室するしかない。練習さえしておけば、落ち着いて再入室できる。

　教師も他の子ども達も安心して授業を続けられる。

スキル❷ ホワイトボードとペンを用意しておく。

　急に音声が聞こえなくなる、準備していたPowerPointの資料を画面共有できなくなる、そんな時に役立つのが「ホワイトボーとペン」である。

Ａ４かＢ４程度の小さなホワイトボードでいい。

　ホワイトボードがなければ、スケッチブックでも対応できる。

　その場で文字や図、指示を書いて子ども達に見せる

だけでいい。パソコンのカメラを通して、子ども達に情報を伝えられる。

　黒板とチョークで進める普段の授業と、ほぼ変わらない状況なので安心して授業を続けられる。

　パソコンのカメラも映らなくなった時はどうするか。そんな時は**チャット機能を使う。**

　チャットでのやりとりも、日常的に練習しておくことをおすすめする。

　子ども達はすぐにチャットを使いこなすようになる。やり方さえ分かれば簡単だ。

第1章 **学級経営** 編

❶発表が苦手な子×ICT（p.12-13）
（1）高野成彦「HSCの視点による特別活動の学習内容と指導方法についての一考察」『大妻女子大学家政系研究紀要』第56号、2020年、97〜106頁。http://id.nii.ac.jp/1114/00007072/
（2）Elaine N. Aron Ph.D.（2002）*The Highly Sensitive Child: Helping Our Children Thrive When the World Overwhelms Them.* Harmony Products.

❷板書を写すのが苦手な子×ICT（p.14-15）
（1）押田正子・川崎聡大「通常小学校において理解と活用が望まれる発達性読み書き障害児への支援の在り方：発達性dyslexia児に対する大学教育相談を通じて」『富山大学人間発達科学研究実践総合センター紀要 教育実践研究』第7号、2013年、27〜32頁。

❸自分の意見を考えるのが苦手な子×ICT（p.16-17）
（1）藤岡徹「自閉スペクトラム症の認知機能：ASD特性を説明する理論にそって」『LD研究』第26巻第4号、2017年、474〜483頁。
（2）本田秀夫『自閉症スペクトラム──10人に1人が抱える「生きづらさ」の正体』SB新書、2013年。

❹好きなことに没頭してしまう子×ICT（p.18-19）
（1）藤野博「自閉スペクトラム症における特別な興味：研究の動向と展望」『東京学芸大学紀要 総合教育科学系』第72巻、2021年。
（2）白石雅一『自閉症スペクトラムとこだわり行動への対処法』東京書籍、2013年。

❺グループ学習が苦手な子×ICT（p.20-21）
（1）涌井恵「学習障害等のある子どもを含むグループにおける協同学習に関する研究動向と今後の課題：通常の学級における研究・実践を中心に」『特殊教育学研究』第51巻第4号、2013年、381〜390頁。
（2）『新装版 発達障がい児本人の訴え──龍馬くんの6年間〈合本〉』教育技術研究所、2015年、向山洋一監修／向山一門編著《Ⅰ．TOSS編》、25頁。

❻忘れ物の多い子×ICT（p.22-23）
（1）湯澤美紀・河村暁・湯澤正通編著『ワーキングメモリと特別な支援──一人ひとりの学習のニーズに応える』北大路書房、2013年。

❼コミュニケーションが苦手な子×ICT（p.24-25）
（1）杉山登志郎「高機能広汎性発達障害におけるコミュニケーションの問題」『聴能言語学研究』Vol.19、No.1、2002年、35〜40頁。

❽時間を守るのが苦手な子×ICT（p.26-27）
（1）松本好生「注意欠如多動症ADHDが示す「落ち着きつきのなさ」の再考：ADHDの病態と症状を踏まえて」『新見公立大学紀要』第41巻、2020年、15〜23頁。

❾声の大きさの調整が苦手な子×ICT（p.28-29）
（1）辰巳陽香「自閉スペクトラム症児の声の大きさ学習へのスマートデバイスの応用：日常場面への般化を目指して」『2016年度 第11回 児童教育実践についての研究助成 研究成果報告書』。

❿1日の見通しが必要な子×ICT（p.30-31）
（1）Lynn E. McClannahan & Patricia J. Krantz（2010）*Activity Schedules for Children With Autism: Teaching Independent Behavior*（2nd edition）.
（2）松下浩之・園山繁樹「新規刺激の提示や活動の切り替えに困難を示す自閉性障害児における活動スケジュールを用いた支援」『特殊教育学研究』第51巻第3号、2013年、279〜289頁。

⓫授業中に物いじりをする子×ICT（p.32-33）
（1）高橋秀俊・神尾陽子「自閉スペクトラム症の感覚の特徴」『精神神経学雑誌』第120巻第5号、2018年、369〜383頁。

⓬キレて興奮しやすい子×ICT（p.34-35）
（1）「LITALIKO発達ナビ」https://h-navi.jp/column/article/35028603

⓭家庭学習が続かない子× ICT（p.36-37）
（1）福井俊哉「遂行（実行）機能をめぐって」『認知神経科学』Vol.12、No.3・4、2010年、156〜164頁。

⓮整理整頓が苦手な子×ICT（p.38-39）
（1）野間桜子・山口大輔「大学生の片づけと空間認知能力・注意機能の関係」『健康医療科学研究』第12号、2022年、

11〜18頁。

⑮日記を書くのが苦手な子 × ICT（p.40-41）
（1）『新装版 発達障がい児本人の訴え──龍馬くんの6年間〈合本〉』教育技術研究所、2015年、向山洋一監修／向山一門編著《Ⅰ．TOSS編》、31頁。
（2）同書、《Ⅰ．TOSS編》、32頁。

⑯感覚過敏の子×ICT（p.42-43）
（1）高橋秀俊・神尾陽子「自閉スペクトラム症の感覚の特徴」『精神神経学雑誌』第120巻第5号、2018年、369〜383頁。

⑰色覚異常の子×ICT（p.44-45）
（1）市川一夫『知られざる色覚異常の真実』幻冬舎、2015年。

⑱不登校の子×ICT（p.46-47）
（1）小柳憲司『学校に行けない子どもたちへの対応ハンドブック』新興医学出版社、2009年。
（2）「ビデオ講義による学生の学習に対する教員の表情の影響」（Yang Wang , Qingtang Liu他 2018）

⑲ネット依存の子×ICT（p.48-49）
（1）「日本教育新聞NIKKYO WEB」2018年12月6日 https://www.kyoiku-press.com/post-196577/
（2）「DIGITAL TECHNOLOGIES HUB」https://www.digitaltechnologieshub.edu.au/

第2章 教科別編

❶音読が苦手な子×ICT（p.52-53）
（1）北出勝也『学ぶことが大好きになるビジョントレーニング──読み書き・運動が苦手なのには理由があった』図書文化社、2009年。
（2）池田伸子「ディスレクシアを抱える日本語学習者に対する読み学習支援に関する一考察」『日本語教育実践研究』第2号、2015年、1〜15頁。

❷音読指導×ICT（p.54-55）
（1）瀧田寿明・中臺久和巨・星野准一「児童による音読の流暢性自動評価手法」『情報処理学会論文誌』Vol.57、No.3、2016年、922〜930頁。
（2）髙橋麻衣子「人はなぜ音読をするのか：読み能力の発達における音読の役割」『教育心理学研究』第61巻第1号、2013年、95〜111頁。
（3）坂本和美・西田智子・田中栄美子・惠羅修吉「読み書きに困難を示す小学3年生児童への音読指導による支援の効果：特別支援教室「すばる」における実践研究」『香川大学教育実践総合研究』第29号、2014年、29〜38頁。

❸意味調べ×ICT（p.56-57）
（1）S.E.ギャザコール／T.P.アロウェイ『ワーキングメモリと学習指導──教師のための実践ガイド』湯澤正通・湯澤美紀訳、北大路書房、2009年。

❹書字が苦手な子×ICT（p.58-59）
（1）平岩幹男『ディスレクシア 発達性読み書き障害 トレーニング・ブック』合同出版、2018年、55〜56頁。
（2）平岩幹男、同書、57頁。

❺漢字の書き順×ICT（p.60-61）
（1）国立教育政策研究所・教育課程研究センター研究開発部「特定の課題に関する調査（国語）調査結果（小学校・中学校）」、2006年。
（2）日本教育技術協会・基礎学力調査委員会『データから見る漢字習得5つのポイント1──小学校学習漢字習得状況の調査報告』光村教育図書、2007年。
（3）松本仁志『筆順のはなし』中公新書ラクレ、2012年。

❻促音・拗音×ICT（p.62-63）
（1）「LITALICO発達ナビ」https://h-navi.jp/column/article/35025578#headline_108709
（2）宮城武久『障害がある子どもの文字を書く基礎学習──ひらがな・漢字の書字指導』学研教育出版、2013年。

❼計算×ICT（p.64-65）
（1）熊谷恵子「算数障害とはいったい？」日本心理学会編『心理学ワールド』第70号、2015年、17〜20頁。

❽図形の敷き詰め×ICT（p.66-67）
（1）戸次佳子・中井昭夫・榊原洋一「協調運動の発達と子どものQOLおよび精神的健康との関連性の検討」『小児保健研究』第75巻第1号、2016年、69〜77頁。

❾ひょうとグラフ×ICT（p.68-69）
（1）信迫悟志「発達障害に対する理学療法の可能性：発達性協調運動障害を通じて」『第55回日本理学療法学術

大会 第18回日本神経理学療法学会学術大会』、2020年、シンポジウム 3-4「小児理学療法はいつまで変化を拒み続けるのか？全体主義へのアンチテーゼ」

❿ 文章題×ICT（p.70-71）
（1）「よこはま発達クリニック」https://www.ypdc.net/

⓫ 難問×ICT（p.72-73）
（1）西垣知佳子「設問の難易度が学習意欲に与える効果」『JACET全国大会要綱』第34号、1995年、141-144頁。

⓬ 写真の読み取り×ICT（p.74-75）
（1）奥村智人「LD児にみられる視覚認知障害とは」『第10回日本ロービジョン学会学術総会プログラム・抄録集』、2009年。
（2）小野隆行編『特別支援教育 重要用語の基礎知識』学芸みらい社、2018年、78頁。

⓭ 社会科見学×ICT（p.76-77）
（1）小野隆行編『特別支援教育 重要用語の基礎知識』学芸みらい社、2018年、77頁。

⓮ 観察記録×ICT（p.78-79）
（1）文部科学省「小学校理科の観察，実験の手引き」平成23年、8頁。

⓯ 太陽の動きの観察×ICT（p.80-81）
（1）高瀬智恵・松久眞実・今村佐智子「発達障害のある学生を対象とする大学での個別支援授業：スケジュール管理が苦手なASDのある学生の行動改善に及ぼす個別支援と自己記録の効果」『桃山学院教育大学研究紀要』第2号、2020年、27〜41頁。
（2）「Apple公式サイト」https://support.apple.com/ja-jp/HT207260

⓰ 実験のまとめ×ICT（p.82-83）
（1）「cherrybee」https://cherrybee.tv/blog/video-amount-of-information/

⓱ 鑑賞×ICT（p.84-85）
（1）堀由里「子どもをほめる観点に関する心理学的考察：熟達者と初学者の違い」『桜花学園大学保育学部研究紀要』第18号、2018、67〜75頁。
（2）Berndt, T. J. (1999) "Friends' influence on students' adjustment to school." *Educational Psychologist,* Vol.34, No.1, pp.15-28.
（3）Mueller, M. C., & Dweck, C. S. (1998) "Praise for intelligence can undermine children's motivation and performance." *Journal of Personality and Social Psychology*, Vol.75, No.1, pp.33-52.

⓲ 色塗り×ICT（p.86-87）
（1）髙津梓・奥田健次「給食場面中に不適切行動を示したダウン症児童への指導：摂食行動に対するエラーレス指導」『行動分析学研究』第34巻第1号、2019年、64〜70頁。

⓳ 音符が読めない・書けない子×ICT（p.88-89）
（1）国立成育医療研究センター https://www.ncchd.go.jp/hospital/sickness/children/007.html

⓴ 音符が読めない・書けない子×ICT（p.90-91）
（1）『新装版 発達障がい児本人の訴え——龍馬くんの6年間〈合本〉』教育技術研究所、2015年、向山洋一監修／向山一門編著《Ⅰ．TOSS編》、28頁。
（2）福島邦博・川崎聡大「聴覚情報処理障害（APD）について」『音声言語医学』第49巻第1号、2008年、1〜6頁。

㉑ 裁縫×ICT（p.92-93）
（1）志田敬介「組立作業におけるパソコンを用いた作業指示のための動画の利用に関する基礎研究」『人間工学』第41巻第1号、2005年、1〜10頁。

㉒ 調理実習×ICT（p.94-95）
（1）原田悦子・遠藤祐輝「動画マニュアルはわかりやすいか？：組立課題における動画優位性の検討」日本認知心理学会第15回大会『日本認知心理学会発表論文集』、2017年。

㉓ 器械運動×ICT（p.96-97）
（1）池田歩美・加藤匡宏・相模健人・佐藤公代「アスペルガー障害児に対する感覚統合訓練法の治療効果」『愛媛大学教育学部紀要 教育科学』第50巻第2号、2004年、89〜96頁。
（2）村山光義・村松憲・佐々木玲子・清水静代・野口和行「動作映像の即時フィードバックを用いた技術指導の効果：フライングディスク・サイドアームスローの事例」『慶應義塾大学学術情報リポジトリ』、2007年。

㉔ 作戦会議×ICT（p.98-99）
（1）山下柚実『給食の味はなぜ懐かしいのか？——五感の先端科学』中公新書ラクレ、2006年、90頁。

㉕ 運動会の表現運動×ICT（p.100-101）
（1）村田哲「ミラーニューロンシステムの中の身体性」『認知リハビリテーション』第20巻第1号、2015年、3〜16頁。

㉖ 長距離走×ICT（p.102-103）
（1）株式会社Kaien HP「ASD・ADHD・LD以外の発達障害」https://www.kaien-lab.com/faq/1-faqdevelopmental-disorders/others/
（2）鈴木真綾・鈴木一成・上原三十三「体育授業における「持久走」の概念と指導方法に関する検討」『愛知教育大学保健体育講座研究紀要』第41号、2016年、31〜38頁。

㉗ キーボード入力×ICT（p.104-105）

（1）Marjolijn van Weerdenburg, Mariëtte Tesselhof, Henny van der Meijden（2018）"Touch-typing for better spelling and narrative-writing skills on the computer." *Journal of Computer Assisted Learning*.

❷❽プレゼン発表×ICT（p.106-107）
（1）『新装版 発達障がい児本人の訴え──龍馬くんの６年間〈合本〉』教育技術研究所、2015年、向山洋一監修／向山一門編著《Ⅰ．TOSS編》、13頁。
（2）『新装版 発達障がい児本人の訴え──龍馬くんの６年間〈合本〉』教育技術研究所、2015年、平山諭《Ⅱ．逐条解説編》、14頁。

❷❾マップづくり×ICT（p.108-109）
（1）小野隆行編『特別支援教育 重要用語の基礎知識』学芸みらい社、2018年、78頁。

❸❿討論×ICT（p.110-111）
（1）柏原考爾「情動刺激がワーキングメモリに及ぼす影響」『人間工学』第57巻Supplement号、2021年。

第3章 オンライン授業 編

❶オンライン授業×入室管理（p.114-115）
（1）落合みどり・東條吉邦「ADHD児・高機能自閉症児における社会的困難性の特徴と教育」『自閉症とADHDの子どもたちへの教育支援とアセスメント』国立特殊教育総合研究所、2003年。

❷オンライン授業×音声管理（p.116-117）
（1）三ツ木真実ほか「対面授業とオンライン授業に対する英語学習者の認識：高校生英語学習者のコロナ禍における学び」『北海道英語教育学会 紀要』第20巻、2021年、19〜34頁。
（2）Mirjam Hauck and Stella Hurd（2005）"Exploring the link between language anxiety and learner self-management in open language learning contexts." https://www.researchgate.net/publication/42790440_Exploring_the_link_between_language_anxiety_and_learner_self-management_in_open_language_learning_contexts

❸オンライン授業×確認作業（p.118-119）
（1）林成之『脳に悪い7つの習慣』幻冬舎新書、2009年。

❹オンライン授業×表情（p.120-121）
（1）益子行弘・齋藤美穂「教師の表情とクラス雰囲気との関連性の検討」『日本感性工学会論文誌』Vol.11、No.3、2012年、483〜490頁。

❺オンライン授業×画面共有（p.122-123）
（1）伊藤崇・関根和生「小学校の一斉授業における教師と児童の視線配布行動」『社会言語科学』第14巻第１号、2011年、141〜153頁。

❻オンライン授業×発問・指示（p.124-125）
（1）車重徳「ワーキングメモリ指標（WMI）が低い子の対応方法とは」『発達障害サポートblog』2023年。https://www.seisekiup.net/column/develop/660/#reading

❼オンライン授業×目線（p.126-127）
（1）高木幸子「コミュニケーションにおける表情および身体動作の役割」『早稲田大学大学院文学研究科紀要』第1分冊、2005年、25〜36頁。

❽オンライン授業×空白禁止（p.128-129）
（1）齋藤大輔ほか「社会的相互作用によるオキシトシンの分泌が、児童の認知機能に与える影響」『科学研究費助成事業　2018年度 研究成果報告書』。

❾オンライン授業×回線速度（p.130-131）
（1）「駒澤大学ホームページ」https://www.komazawa-u.ac.jp/campuslife/student-counselors-office/selfcare/post-220.html

❿オンライン授業×トラブル対応（p.132-133）
（1）内山仁志・西村健一・高橋泰道「インターネット環境についての実態調査とオンライン授業に関するアンケート調査」『人間と文化』第４号、2021年、184〜194頁。

ウェブ・ナビゲーション
QRコード一覧

以下のQRコードあるいはURLから、本書に掲載された全リンク先にアクセスすることができます。

全リンク先一覧

URL：https://www.gakugeimirai.jp/tokushixict_katsuyoujiten_urllist

各QRコード

1章 ————————————————— 学級経営 編

全教科　全学年

p.12-13

❶ 発表が苦手な子× ICT

「Mentimeter」
使い方解説動画

「Mentimeter」
ダウンロード

全教科　全学年

p.14-15

❷ 板書を写すのが
　苦手な子× ICT

「GoodNotes」
ダウンロード

全教科　全学年

p.16-17

❸ 自分の意見を考える
　のが苦手な子× ICT

「スプレッドシート」
共有解説動画

全教科　全学年

p.18-19

❹ 好きなことに没頭
　してしまう子× ICT

「絵カードタイマー」
ダウンロード

全教科　全学年

p.20-21

❺ グループ学習が
　苦手な子× ICT

「ロイロ共有ノート」
作り方 解説動画

全教科　全学年

p.24-25

❼ コミュニケーション
　が苦手な子× ICT

「ザ・プロンプト！
絵カードセンター」

全教科　全学年

p.26-27

❽ 時間を守るのが
　苦手な子× ICT

「ねずみタイマー」

全教科　全学年

p.28-29

❾ 声の大きさの調整が苦手な子×ICT

「こえキャッチ」
ダウンロード

「Speak Up Too」
ダウンロード

全教科　全学年

p.30-31

❿ 1日の見通しが必要な子×ICT

「やることカード」
ダウンロード

「ルーチンタイマー」
ダウンロード

全教科　全学年

p.34-35

⓬ キレて興奮
しやすい子×ICT

「気持ちの温度計」

全教科　全学年

p.36-37

⓭ 家庭学習が
続かない子×ICT

「はじめよう！
これからの家庭学習」

全教科　全学年

p.42-43

⓰ 感覚過敏の子
×ICT

「Google Classroom」
でクラスを作成
（Meet入り方）

全教科　全学年

p.44-45

⓱ 色覚異常の子×ICT

「色のシュミレータ」
ダウンロード

「色のめがね」
ダウンロード

「色彩ヘルパー」
ダウンロード

全教科　全学年

p.46-47

⓲ 不登校の子×ICT

「OBS」
解説動画

「OBS Studio」
ダウンロード

全教科　全学年

p.48-49

⓳ ネット依存の子
×ICT

「DQ world」

2章

国語	全学年

p.52-53

❶ 音読が苦手な子×ICT

「読むトレGO!」

「T式音読指導アプリ for web」

「ことたぶ」（ことばの教室タブレット用Web教材）

国語	全学年

p.54-55

❷ 音読指導×ICT

「Flip」ダウンロード

国語	3年生〜

p.56-57

❸ 意味調べ×ICT

「Padlet」にログインする解説動画

「Padlet」ダウンロード

国語	全学年

p.58-59

❹ 書字が苦手な子×ICT

「あかねこ漢字スキルデジタルサポーター」

国語	1年生

p.62-63

❻ 促音・拗音×ICT

「Jamboard」教材

「WordWall」の使い方解説動画

算数	2年生〜

p.66-67

❽ 図形の敷き詰め×ICT

「Jamboard」テンプレート①

「Jamboard」テンプレート②

算数　全学年

p.70-71

❿ 文章題×ICT

「Jamboard」
テンプレート

算数　全学年

p.72-73

⓫ 難問×ICT

「Jamboard」
教材テンプレート

「教室熱中！
めっちゃ楽しい算数難問
１問選択システム」

社会　3年生〜

p.74-75

⓬ 写真の読み取り×ICT

写真の読み取り
解説動画

「NHKアーカイブス
回想法ライブラリー」

社会　3年生〜

p.76-77

⓭ 社会科見学×ICT

社会科見学
解説動画

図工　全学年

p.84-85

⓱ 鑑賞×ICT

鑑賞
解説動画

図工　全学年

p.86-87

⓲ 色塗り×ICT

色塗り 解説動画

音楽　3年生〜

p.88-89

⓳ 音符が読めない・
書けない子×ICT

「Song Maker」

家庭　5年生〜

p.92-93

㉑ 裁縫×ICT

「NHK for school」

家庭　5年生〜

p.94-95

㉒ 調理実習×ICT

調理実習
解説動画

体育　3年生〜

p.98-99

㉔ 作戦会議×ICT

「Jamboard」
作戦会議

体育　全学年

p.100-101

㉕ 運動会の表現運動
×ICT

「Split view」
のやり方
解説動画

体育	全学年

p.102-103

❷❻ 長距離走×ICT

「スプレッドシート」
持久走ラップタイム

総合	全学年

p.104-105

❷❼ キーボード入力
　　×ICT

「あかねこ
ローマ字スキル」
ルーブリック表

「プレイグラム
タイピング」

「あかねこ
ローマ字スキル」
デジタルサポーター

「キーボー島
アドベンチャー」

総合	全学年

p.106-107

❷❽ プレゼン発表
　　×ICT

「Googleスライド」
ことわざ・故事成語まとめ

総合	3年生～

p.108-109

❷❾ マップづくり×ICT

「マップ作り」
解説動画

3章

オンライン授業 編

全教科	全学年

p.114-115

❶ オンライン授業×入室管理

スキル1
アイスブレイク(簡単な遊び)
をしながら入室を待つ

スキル2
普段の授業でZoomの
操作体験をさせる

全教科	全学年

p.116-117

❷ オンライン授業×音声管理

スキル1
授業前に「教師側の
音声チェック」をする

スキル2
授業前に「教師の声が
聞こえていない子」を見つける

全教科	全学年

p.118-119

❸ オンライン授業×確認作業

スキル1
「作業指示」と「確認」を
セットにする

スキル2
次に誰を指名するか予告して
発表させる

| 全教科 | 全学年 |

p.122-123

❺ オンライン授業×画面共有

スキル2
ピクチャーインピクチャー
(PinP)機能を使う

| 全教科 | 全学年 |

p.124-125

❻ オンライン授業×発問・指示

スキル1
「クリアで通る声で授業を始める。
第一に「教師の声」を意識する

スキル2
第一発問・指示で
全体を動かす

| 全教科 | 全学年 |

p.128-129

❽ オンライン授業×空白禁止

スキル1
「何をやっていいのか分から
ない」という状態を作らない

スキル2
トラブルには実況中継
しながら対処する

| 全教科 | 全学年 |

p.132-133

❿ オンライン授業×トラブル対応

スキル1
トラブルを想定して
練習しておく

あとがき

令和2年に経験した学校の臨時休業。

明日から当分の間、子ども達は登校してこない。家でも学習ができるように、急遽、問題集を購入して配付する。復習プリントも山ほど印刷し配付する。定期的に子どもの家を一軒一軒回り、それらを回収する日々。それが3ヶ月間続いた。

子どもが来ない学校では授業のやりようがない。教えるべき内容はあっても、その術がない。無念であった。学校の存在意義とは何かを突きつけられた気がした。

それでも私の勤務市は、全国に先駆けて高学年児童への1人1台端末の配付が完了していたこともあり、オンライン授業を試みることができたのは不幸中の幸いであった。画面越しとはいえ、久しぶりに子ども達の顔を見ると安堵したものだった。それはきっと子ども達も同じ気持ちだっただろう。苦しい状況ではあったが、「ICT」の活用に一筋の光を見たような気がした。

臨時休業が明けてからも、その灯が消えることはなかった。

授業で端末を活用する機会は増え、端末を手に学習を進める子ども達の姿は当たり前の光景となっていった。

その中で、これまでとは明らかに違った反応を示す子どもが出てきた。

特別支援を要する子ども達だ。

漢字の学習が嫌いな子が、筆順アニメーションを見ながら1人で漢字の学習に取り組む。

意見を発表することが苦手な子が、クラウド上では活発に意見を出し続ける。

従来の学習方法では困難さを示していた子ども達が、端末を活用することで他の子と同じように、あるいはそれ以上に、授業で活躍するようになったのだ。

ICTをうまく活用することによって救われる子ども達がいる——。その確信は日に日に強くなっていった。

本書では、特別支援を要する子ども達が救われるようなICT活用例を多く集め、なぜその方法が効果的なのかを、エビデンスを基に解説している。また、ICTに苦手意識のある先生方にも分かりやすいよう解説動画をつけるなど様々な工夫も凝らしている。

「専門的」かつ「実用的」——。これが本書の特長である。

ICTは道具にすぎず、活用すること自体が目的ではない。道具を使って、いかに役立つものを生み出すかが肝心だ。

　この道具を生かすも殺すも、私たち教師の腕にかかっている。その一助となるために誕生したのが本書である。本書を手に取っていただいた先生方に、何か1つでも役に立つ活用法をお届けできたのなら、これ以上の喜びはない。

　しかし、おそらく本書はこれで完結ではない。

　今後は、ICTを活用したものの効果が感じられなかった実践例も多く報告されることだろう。つまり「ICTを活用したNG指導」だ。NG指導となった原因は何なのか、どうすれば効果的になるのか、それはどのような理論でありどんなエビデンスがあるのか。探究心は尽きない。

　ICT活用の可能性を今後も追求し続け、いずれの日か再び、読者である先生方に最新の実践例を報告できることを楽しみにしている。その日まで、真摯に実践を積み重ねていく所存である。

　本書を執筆するにあたり、学芸みらい社の小島直人氏からは的確なご指導と温かな激励のメールを何度もいただいた。全ての活用例にエビデンスによる裏付けを示すことは大変な作業であったが、小島氏のおかげで何とかやり遂げることができた。

　また、本書で紹介した実践のほとんどは、TOSS最高顧問である向山洋一氏の実践をベースに作られている。向山氏の教えがなければ、本書を作ることはできなかった。

　この場を借りて、お2人に心からの感謝を申し上げたい。

　本書により1人でも多くの子ども達が、ひいては先生方が、心救われることを切に願う。

津田泰至

【編著者紹介】

堀田和秀（ほりた・かずひで）

1978年2月、兵庫県生まれ。兵庫教育大学初等教育学部卒業後、兵庫県北淡町立室津小学校に着任。洲本市立洲本第一小学校等を経て、現在、洲本市立安乎小学校に勤務。

新卒2年目に学級崩壊を経験したことから授業技術の必要性を感じ、TOSSサークル「TOSS淡路キツツキ」の門を叩く。向山洋一氏のすぐれた実践に学び、追試することで自らの力量を高める努力を重ね、2017年より「TOSS淡路キツツキ」代表、現在は「TOSS兵庫」代表も務める。小学校教師として特別支援教育を牽引した小野隆行氏のもとで特別支援教育のノウハウを学び、発達障害の子を集団の中でどのように指導していくかについて研究。

また、ICT教育についても深く学び、勤務校では情報教育主任を10年以上務め、ICTを活用した授業やその効果的な使い方を校内に広めている。兵庫県内・淡路島内の校内研修に招かれて講演を行ったり、NPOのセミナーでも講師を務めたりするなど、自らの実践を多くの先生方に広めている。

著書に『道徳教科書フル活用！楽しい道徳の授業プラン』が、編著に『授業の腕が上がる新法則：「道徳」1～3年編』『授業の腕が上がる新法則：「道徳」4～6年編』『ストップ！NG指導：場面別 すべての子どもを救う基礎的授業スキル』が、共著に『「禁止・制限」より「安全な使い方」を教える！GIGAスクール時代の「ネットリテラシー」授業プラン ワークシート付き』『ストップ！NG指導：教科別 すべての子どもを救う基礎的授業スキル』など（すべて学芸みらい社）がある。

津田泰至（つだ・ひろし）

1980年3月、大阪府生まれ。関西大学文学部教育学科卒業。佛教大学通信教育課程にて小学校一種免許状を取得後、大阪府守口市立金田小学校に着任。その後、大阪府吹田市へ転勤。

2015年、兼ねてより憧れの地であった淡路島へ移住。現在、兵庫県淡路市立大町小学校に勤務。大阪時代からTOSS主催のセミナーやサークルに参加し、授業力・学級経営力の向上に努める。淡路島へ移住後はTOSSサークル「TOSS淡路キツツキ」の一員となり研鑽を続ける。現在は「TOSS淡路キツツキ」代表代行、「特別支援教育きずな」代表を務める。淡路島内で医療・福祉・保育・教育の関係者を対象にしたセミナーの講師を務め、児童生徒のよりよい支援のための知見を広めている。

共著に『「禁止・制限」より「安全な使い方」を教える！GIGAスクール時代の「ネットリテラシー」授業プラン ワークシート付き』『ストップ！NG指導：教科別 すべての子どもを救う基礎的授業スキル』『特別支援教育 重要用語の基礎知識』など（すべて学芸みらい社）がある。

執筆者一覧　※は編者

岡　孝直	岡山県井原市立木之子小学校	香川優香	岡山県岡山市立浦安小学校
岡本　純	岡山県公立学校	森田智宏	大阪府島本町立第四小学校
平松靖行	岡山県倉敷市立郷内小学校	許　鍾萬	兵庫県姫路市立英賀保小学校
末永尚輝	岡山県倉敷市立長尾小学校	堀田和秀	兵庫県洲本市立安乎小学校　※
本田和明	岡山県総社市立阿曽小学校	津田泰至	兵庫県淡路市立大町小学校　※
永井貴憲	岡山県岡山市立西小学校			

特別支援教育「鉄壁の法則」

特別支援教育 ICT活用事典
ストップ！ NG指導3

2023年4月5日　初版発行

編　著　者　堀田和秀・津田泰至
発　行　者　小島直人
発　行　所　株式会社 学芸みらい社
　　　　　　〒162-0833 東京都新宿区箪笥町31番 箪笥町SKビル3F
　　　　　　電話番号：03-5227-1266
　　　　　　HP：https://www.gakugeimirai.jp/
　　　　　　E-mail：info@gakugeimirai.jp
印刷所・製本所　藤原印刷株式会社
ブックデザイン　吉久隆志・古川美佐（エディプレッション）